你的煩惱不是你的煩惱

為了讓各位能以輕鬆愉悅的心情，
閱讀本書的內容，首先請各位慢慢地吐三口氣。
預備，開始。呼……
呼……
呼……

要盡可能認真地吐氣喔！雖然這樣說，但在吐氣的過程中，就會發現其實不用太過認真，就可以仔細地發出類似嘆氣般的聲音。

如果做到一半想打呵欠，不用客氣，就打一個大大的呵欠。把握當下，盡情地打呵欠吧！打呵欠並不是一件壞事。

這動作和本書之後的內容有所關聯，當我們自主性地做出吐氣或打呵欠等，從身體內部自然產生的活動時，這就是從事「舒緩身心行為」的特徵之一。

身體自然產生這些反應，不自覺地嘆氣，不自覺地打呵欠。這些是源自身體內部的反應，但我們卻不小心地在他人面前做出這些行為，而且這類行為往往會被他人認為不成體統，在公共場合也是沒有禮貌的行為。因此，即使身體產生類似的反應，大家通常會選擇壓抑自我，並避免做出這類的行為。因為我們時常受到外在的約束，得透過意識來壓抑這些自然的身體反應。

不過，做出這些反應是否是件好事？我認為這是值得深思的問題。

The less we do, the deeper we see.

做得越少，看得越深。

接下來我們所要學習的，就是認識「做得越少」的重要性。
放任「不思」（超脫人類念頭的自然）保持「不思」的狀態。
放下妨礙自由的固執信念、成見、價值觀。
這樣才能鬆開緊緊握住的「自我」。
停止胡亂地抑制發自內心想做的事情。
擱下經常計算利益得失的心理。
放下「下次一定這樣做」充滿鑽牛角尖的生活方式。
不要用「正確」、「錯誤」，或是「好」、「壞」等基準來比較事情。
不要懊悔無法重來的過去，也不要擔心未知的未來。
不要執著於「如果當初能這樣該有多好」的理想。
從現在起，不要抗拒某人或某事所提供的協助。

在感情或思考流於散漫的日常生活中，小歇片刻吧！

我們有時候會逆向而行，而且做得太超過了。如此一來，當我們不斷勉強自己時，這些不自然的行為經過長年累積，就會讓身心開始失調，或是感到人生很痛苦。因此，我想以各種觀點來探討以上的現象。

一直勉強自己穿著不合身的衣服，所以身體各處才會感到不舒服，也無法自由活動。

我們欠缺真正的自覺，反而還不斷地思考該如何去做，或是應該擁有些什麼，拚命地追尋能讓人生幸福的事物。諷刺的是，如此讓人感到疲憊不堪的努力，正是讓幸福遠離的原因。很奇妙地，在現實生活中經常發生類似的事情。

因此，人總會重新思考「當時若是那樣做就好」，或是「如果那時候能想盡辦法」而感到過意不去。或者是抱怨「他讓我感到痛苦」，或感嘆「為何只有我會一再遇到痛苦的事情」，或是「當初沒這樣做就好了」等，被百般煩惱的人生所困住。正因為經常感到糾結，才無法獲得幸福。

對於感到窮途末路、進退兩難的人，希望本書多少能帶來幫助。

當各種的煩惱接踵而至，感到徬徨與混亂，想要逃脫「現實」時，希望各位能透過仔細「觀察」的練習，養成「謙卑地」承擔幸福與痛苦的力量。這就是本書的宗旨。

不可思議的是，抱持「就只是不想去地獄」的想法，而四處逃避的人，反而容易前往地獄。遇到令人討厭的事情，就算選擇逃避，這些事情反而更容易找上門來。

然而，抱持著「十分歡迎！我願意下地獄，那裡究竟是什麼樣的世界？」之類的好奇心與探究心之人，往往無法前往地獄。這真是諷刺啊！

既然如此，不管遇到什麼樣的事情，絕對不能逃避，要全力以赴。事情就像是意外的禮物，在每一次的學習中，都能獲得成長。我建議各位懷抱著豁達且開闊的心胸，試著採取「全新的人生態度」。

不要抱持著想要逐一消除煩惱的狹窄思維，而是能概括承受正面與負面的事情，無論一整天過得如何，對自己而言，都能將今天當作是「最好的一天」；Today is the best day。各位，你是否能成為一位具有柔軟性與行動力的人呢？

當今的社會，存在著各種人。對於自我無法滿足，而感到焦躁不安的人；尋求排解對自我不滿的情緒，非得付諸行動的人。還有不強迫自己忍耐，總能安於現況，並能獲得放鬆的人。這些人共處在名為人生的房間裡，每個人都有各自的真實感受，卻宛如置身在不同的房間。

這些人所感受到的世界與人生風景，可謂天差地遠。

前者待在人生的房間裡，經常覺得「那裡少了什麼，怎麼什麼東西都沒有」、「不喜歡這個，也不喜歡那個」，因此想盡快逃出房間。對於後者而言，他們認為「有這個東西，也有那個東西」、「那個不錯，這個也不錯」，沒有比這更為高雅且充實的房間了。

本書將以佛陀或禪的啟示為中心，以簡明的文字敘述，教導各位如何從前者轉變成為後者的人類。

從切身的常識來思考，一開始可能會覺得不合常理，但我認為到最後，這些道理都會成為可全盤接受的事實。

把每天當成「今天是最好的一天」，積極地度過人生。在鑽研佛教的過程中，我學到創新的思考，如果能將這樣的思考方式傳遞給各位，便是我最大的榮幸。

藤田一照

CONTENTS 目錄

第二章　開發自我

擺脫想要99％支配的自我

第三章　深呼吸，冷靜思考

讓心回歸正念

CONTENTS 目錄

第四章　別急著坐下

坐禪的基本方針

第一章

CHAPTER 1

放下執著

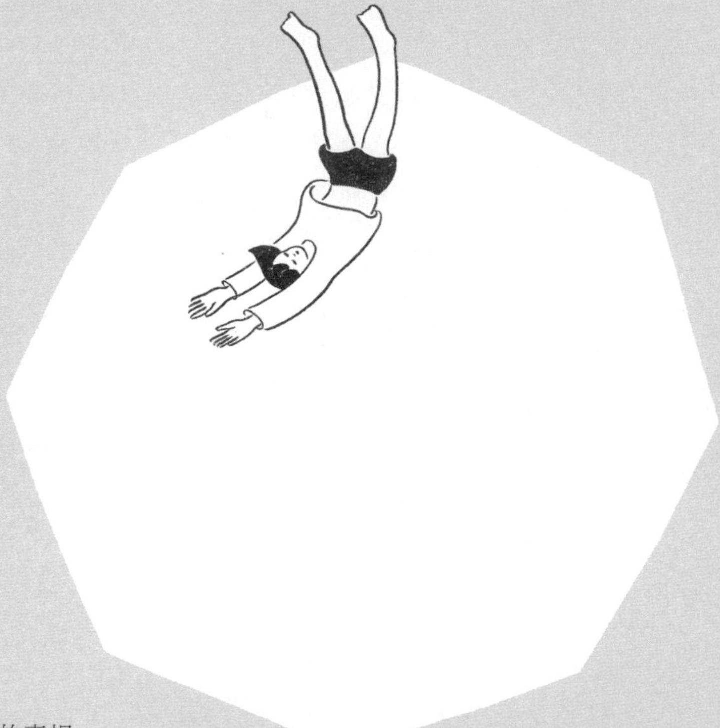

如果能看透人生的真相，

心情便會為之平靜

一、所有的煩惱，都是從否定而來

人為了獲得成長，得先卸下用來自我防禦的防護罩，直接面對「真正的現實」，這是最重要的條件。

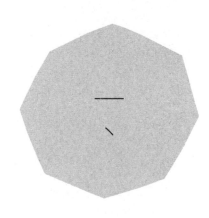

我們每天在不知不覺中，只要聽到旁人謠傳有利益可圖之處時，就會開始思考「我該如何獲取好處呢？」為此汲汲營營，東奔西跑，或是跟他人爭論不休。這些紛紜雜沓的瑣事，正是造成所有「問題」的根源。根據各種情勢，人的天性會選擇站在讓自己感到舒服與方便的角度，以舒適與安全為前提，營造一個輕鬆簡易的狀況。相反地，會盡量避開令人反感、不便、不愉快與不安的角度，避免遇到困難的狀況，這就是人的內在傾向。

無論是何種生物，都不會刻意靠近不愉快的方向，而是選擇接近舒適愉悅的方向吧！為了讓各種生物存續下去，內心都建立在「追求快樂，逃離痛苦」的行動原則上。

人類也是生物的一種，這樣的行動原則也是與生俱來的。因此，我們會在行動原則的範圍中，處理所有事情。

不過，人類應該是唯一擁有「根據語言來思考」這種特性的麻煩生物。在支配我們人類生活的生物學行動原則中，混入了「根據語言來思考」所衍生的次要性特徵，也就是人類獨具了「無法承認現實」的特徵。換言之，

「對於不符合自身方便性的事實，為了自我防禦，便選擇直接否認」。這就稱為「否定」，英文稱為denial。

「否定」的姿態（架式、姿勢），雖有程度差異，但會顯露在我們的思考、感情、態度、信念等一切行為中。更明確地說，身業、口業、意業（身體做出的行為、從口中說出的話、心中的思考）三業的所有動機，都是植基於「否定」。我所要強調的是，無自覺與無反省的態度，正與現代艱難的生活有極大的關聯。

為了充分體驗「生活」無可取代的真正含意，在你拋棄「否定」的姿態後，就會開始看見人生的真諦。換言之，我們必須面對「自己的人生是以什麼為基礎來發展」的赤裸事實，並開始邁步前進。如果略過以上的過程，便無法開創具有深度且成熟的人生，這是我的想法。

從現在起，我們要做的練習就是穿越光譜，從黑暗中的「否定」，走向明亮處的「接納」。

這個光譜是可視光線通過色散裝置進行分光後，依照光的波長的大小順序，排列而成的帶狀圖案。

各位可以將光譜的一邊想像為「全盤否定」，另一邊為「全盤接納」。穿越光譜的過程，就很像是逐一開啟關閉的窗戶。否定就像是為了防止真切的事實威脅自己，而緊閉窗戶，完全看不到外頭的世界。

在這樣的練習過程中，理應會遭遇各種阻力。隨著心態從否定轉移到接納的過程，原本只能接受吻合自我框架事物的強硬姿態，將逐漸趨於和緩，慢慢開始將「全新的經驗」放入心中。

跟以往不同的是，當你終於不再下意識或無意識地審查過往的每個經驗，或是對所有事情一個勁兒地找藉口，人生也就會慢慢減少帶有吝嗇、評論、評價、判斷、要求等負面性格，能更為沉著地以開放性觀點，敏銳地感知所有事物。

最後，原本冰冷的心將恢復溫暖，窗戶打開後，就會發現周遭通風良好。

然而，要事先留意的是，這樣的心態轉換過程並不會順利地以直線前進，而是一邊來來回回，逐步進展。有時候會遇到停滯、後退、偏離的過程。要特別留心的是，無論處於哪個位置，都會受到光譜兩端的影響。

當內在逐漸產生轉變，比起以往，你自己會更能接納外界事物，並湧現積極正面的感覺。我想這是個好徵兆，但如果對此沾沾自喜，並緊抓著這個徵兆，抱持以自我為中心的意見，就很容易陷入「這就是涅槃（開悟），我已經到達此境界」的錯覺。不過，這只是把過程中的體驗，誤植為「到達終點」的誤解。

從否定到接納，屢見不鮮的情況是，個人的言行舉止會悄悄地浮現出藐視他人的情緒，並認為「為什麼其他人都看不見我所頓悟的真理？真是一無是處！」這是轉換過程中需要多加注意的警訊。

如果無法修正以自我為中心的想法，當這樣的想法根深蒂固後，原本費盡千辛萬苦地練習，修行到達某個境界後，便會處於停滯不前的狀態。明明自己還置身於光譜的中間點，卻在不徹底、半開放的狀態下，停止前進。

所謂的接納，並不會去計算利益得失。

就像是容許所有事物都有自由活動的空間，或是沒有乾淨與髒污的區分；海納百川，有容乃大。在無限開闊的視野下，無論遇到什麼樣的情況，都能擁有接納的態度與深信不疑的判斷，這才是至高的境遇。因此，這種人不會陳述意見或見解，或是與他人對立。不得不說的是，人在計算利益得失的過程中，就已經朝向否定的方向前進。

二、

擺脫「我沒有什麼不對」的想法

想從煩惱中解脫，並不是選擇用逃避的方式，而是透過刻意接近的方法，經過仔細地接觸、檢視、深入理解原因後，才能從中獲得解脫。煩惱的元凶，往往都是自己，不是別人。

我們的「人生」是建構在什麼樣的基礎之下而發展的呢？接下來要逐一檢視各種有關於人生的實相。

每一種實相，都具備嚴肅的公理，沒有例外或寬恕，是只能全面接受的法則（達摩、世間萬法）。

首先要提到的是，「在不同條件下所構成的萬物，在改變條件後，樣貌也會改變」。

「緣起」是佛教術語，所有的事物，都是因無數條件的相互依存而處於變化，時時刻刻構成萬物，無法單獨成立。因此，世上並不存在恆久不變的事物，所有事物都是處於暫時性的狀態，這是主要的見解。

我們平常都是用「有」或「無」的觀點，來看待萬物。或者用正確或錯誤，還有漂亮或醜陋的基準來評斷一切。然而，根據佛教的理論，此二元論屬於「基於誤解的妄想」。（梵語 vikalpa，又稱為分別）

根據佛教的見解，佛教將世間萬物視為「相」的過程，也就是「時時刻刻產生變化的暫時性姿態或表徵」。在當下這一刻，將所有事物視為「暫時性狀態」，也就是以變化之相為基礎，看待一切事物。

如同世間萬物時時刻刻產生變化，能對事物的狀態有正確的認知，便稱為「正見」。正見遍及日常生活中，在正確的認知下思考、說話、行動，就是依據佛理的生活方式。

萬事萬物都屬於單一、無限大、無常過程狀態的一部分，這也就是緣起。在緣起的相連網中，當然包含「我」。這個洞察告訴我們，所有的煩惱並非來自於與我毫不相關的外界，而是從與我相關的事物所產生。

我們原本存在於與自我毫無關聯的客觀世界，但自從出生在世上，來到這個世界後，很不巧地踏進「娑婆」的世界裡，也就是必須承受煩惱與忍耐的世界。因此，造成痛苦或煩惱的原因，來自於外在世界，並造成自我內心產生煩惱。就日常經驗來看，無論是用何種方式思考，都會認為災難是從外部「降臨」到自己的身上。

不過，佛教所提倡的，是完全不同的結構。真實情況是，在我們自己的心中，形成類似娑婆的世界，因自己的心而產生煩惱，也就是「煩惱緣起說」。

換言之，煩惱起因於不知煩惱緣起的心，進而產生了煩惱。只要領悟煩惱的緣起，就能消除煩惱，並獲得解放，這是佛教的教義。

即便如此，我們並沒有努力走向消除煩惱的路，反而拚命地走往反方向。為了消除煩惱，百般掙扎；為了忘卻煩惱，沉溺於享樂，熱中於追求名利地位。

逃避有各種形式，最大的共通特徵就是不去正視煩惱，而去選擇「沉溺」或「熱中」於外在的某些事物。在本人欠缺自覺心的情況下，不斷地欺瞞自己。因為如果停止逃避，就會再次面對煩惱，所以只能一心選擇繼續逃避。

然而，不管再如何逃避，就像是影子無法逃出自己的範圍，人們始終無法從「自作自受」的煩惱中逃離。

因此，千方百計地想要從煩惱中逃離的行為本身，反而會導致自己受到煩惱的威脅。在這樣的視角下，最重要的是再次回頭檢視平常的自我。

不要背對著煩惱，只要暫時冷靜下來，並仔細思考與觀察（止觀），就會發現原來從一開始，煩惱就不是實際存在的東西，而是自己內心所造成的，並產生從來沒有過的思考。

煩惱的源頭不在他方，而是在自己的內心。煩惱不會由外而來，我們自己反而是產生煩惱的罪魁禍首。只要擁有以上的自覺，無論遇到什麼樣的煩惱，都能迎刃而解。

在解決眼前的問題之前，首先要理解看似問題的「問題由來」。如果貿然地想要解決問題，就會像佛陀所說的「拚命攪拌清水，想要把清水變成奶油」的情況，正在進行不可能實現的計畫。

不過，各位應該也不想面對這樣的事實。對於其他事情會付諸努力，唯獨對「這是我自己的問題」不想觸及，這是連本人都毫無自覺的潛在意識。這又回到了前面一節所談的「否定」。

三、

不要被「無法稱心如意，就會不開心」的慾望所操控

我們無法隨心所欲地完全掌控人生，如果無視於這個事實，一切作為都是徒勞無功。正因為勉強自己去控制人生，才會造成自身的痛苦。

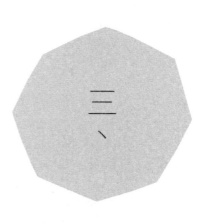

悉達多在菩提樹下獲得覺悟，覺悟後成為佛陀，並第一次向人宣說佛法，稱為「初轉法輪」。如同字面上的意思，初轉法輪就是「初次旋轉法輪」之意。

佛陀在初轉法輪宣說的內容中提到：「生為苦（dukkha），老為苦，病為苦，死為苦。與相愛之人離別為苦，遇到憎恨之人為苦，所求無法實現為苦，執著於五蘊（身體、感覺、概念、意志、認知）為苦。」

佛教術語的 dukkha 為巴利語，是「苦」的意思，包含痛苦或煩惱的層面，但其衍生的含意，比單指痛苦更為廣泛。

依照我的解釋，dukkha 包含痛苦、快樂、悲傷、憤怒等各種情緒所交織而成的連鎖經驗，是人生悲喜劇的整體面貌。換言之，在人生中，dukkha 並不是人生的一部分，而是將人生視為整體，充滿悲痛的概念。

因此，佛教是以 Life is stressful，即「人生充滿壓力」為主要出發點。

所以接下來首要探討的課題，是「坦然地接受不順遂的現實人生，必須毫無虛假地理解生存的實相」。

大多數的人，都深信在某些結果下，自己一定會獲得幸福，並試圖創造這類理想的條件，拚命掙扎。認為，這就是度過人生的方式，並且對此深信不疑。

即使如此，任何人都還是會遇到不順遂的時候，自始至終難免遭遇挫折或失望的情形；這就是現實的人生。因為人生時常伴隨不確定因素，而且總是事與願違。

遇到這樣的人生事實後，我們的心中會產生「愉快、不悅、沒有特別感覺」的反應模式，這時候該如何應對呢？要面對痛苦，還是邁向幸福？眼前分為兩條道路。根據佛教的思想，貪、瞋、癡的三毒心理狀態，會讓人踏上前往痛苦的道路。

貪就是人處於良好的狀態，但還是感到不滿足，想要獲得更多的心理，就是貪婪之心。

瞋指的是不滿現狀，進而感到憤怒，對於痛苦的事物，產生厭惡，是憤怒與仇恨之心。

癡是對於當今所發生的事情欠缺自覺，為愚痴之心。

如同以上的說明，貪、瞋、癡，無論是哪一個，都是顯現出無法接受現實的心理狀態。

因此，無論在何種心理狀態下，即使付諸努力，也無法獲得讓人滿足的結果，必定會產生痛苦的「問題」。不知不覺中，痛苦的循環線路會在我們的心中浮現。所以，痛苦並非是在下意識中發生，而是在毫無預兆的情況下發生。

因此，若放任這樣的狀態不管，痛苦會不斷增加，即使努力想要獲得幸福，幸福絕對不會出現在人生的延長線上。

事實是人生離不開dukkha「苦」，人在遭遇dukkha時所產生的反應型態，是源自於腦部的配線，並無法自主改變。然而，我們可以用不同的方式，來改變前方的線路。

只要察覺到自身的行為模式屬於貪、瞋、癡其中一種，就要勇於放手。為了避免被貪、瞋、癡所吞噬，或是被過度壓抑，就要製造不貪、不瞋、不癡的全新線路。

如果遇到與自己合不來的人，或是不如意的情況，往往就會感到憤怒，大罵「這個傢伙！」如此一來，自己就會捲入憤怒的情緒之中，陷入「一報還一報」的情況；這樣反而擴大問題。

我們必須領悟這類的道理，並學習如何完美地控制問題，而非消除問題。

當你切換鐵軌的轉轍器後，火車就會行駛至新的鐵軌路線。因此，我們要試著讓貪、瞋、癡的反應型態，轉換成不貪、不瞋、不癡的狀態。同時，必須要用身體實際感受，才會發現到「原來這樣做更為輕鬆，更能獲得真正的快樂」。

我們往往會認為，幸福就像是上天所賜與的禮物，是相當難得且稀有的境遇。然而，實際並不是這樣子，人必須學習將幸福視為理所當然、稀鬆平常的生活方式，這也是我們的人生課題之一。畢竟，我們不就是為此而生的嗎？

四、

因為把「死」抽離了，只剩下生存的概念，就會感到痛苦

若自己對於「死」已經有所覺悟，今後關於當下所面臨的所有問題，就能採取有別於以往的應對與處理方式。

佛陀所舉出有關於 dukkha 的具體例子，為「生、老、病、死」。

我們毫無意義地被扔到這個世界上，無論你同意與否，也會從這個世界被攆出去。因此，他人完全不聽從我們的要求，世上儼然存在如此不講理的人生。但是對我們而言，是否有去真正理解這個世界上不言而喻的事情？或是曾經試圖去了解呢？

我們通常會將「出生」當成人生的起點，將「死亡」當成終點，也就是用分段式來思考人生。此外，我們在出生前或是死後，這個世界依舊存在，沒有改變。這應該是多數人類共通的觀點。

點是構成線的要素，點產生移動後，其軌跡就構成線。因此，我們認為「出生」是原點，「死亡」為終點，人生只存在於這兩點之間，但這是對於生存真正姿態的錯誤觀念。

在現實之中，「死」並非存在於線的終點，而是既存在每個點之中。生死就像是紙張的正反面，在當下這個瞬間，生死同時存在著。這就是佛教「生死一如」的基本思想。

當我們站在生的這一端，就絕對看不到另一端的死，但不代表死亡並不存在。我們每天都是處於「持續存活的死亡狀態」。這是事實，並非思想。

我們人類的身體中，三十七兆的細胞都會持續死亡，因此以生物學的角度來看，持續存活的死亡狀態，並非是不可告人的祕密。

我們會在某個瞬間變老，伴隨每一口呼吸、每一刻時間，面臨死亡。因此，說不定會在下個瞬間死亡。就某種意義而言，我們的生命，總是處於「餘生只剩一瞬間」的狀態。

我們得面對這個事實，一邊「被迫活著」；以此為基礎，為了滿足個人的意念與慾望，在世上「求生存」。

所謂的生命，就是「被迫活著與求生存」的被動與主動的交錯關係。

然而，因為我們對於死亡的恐懼與無法理解之處，會抗拒思考生死的表裏關係，或是單一生命的存在價值，所以往往只會著重於自我的生存層面，讓活著很像是患有「生存痴呆症」。

因此，我們會正面迴避「生死一如」的現實。可是，對於死亡的徒然抗拒，就是造成痛苦的根源。

生死觀是人生觀的主要要素，生死觀的主要觀念為人如何看待生死，但我們都會抽離「死亡」，只留下「生存觀」。

於是，在以忘記死亡的生存觀為基礎下，人生的願景、幸福的願景、自我的願景相繼出現，完全抽離「被迫活著」的要素，只抱持著自我想法與意志的模式生存著。

在以線做區分的人生觀中，人們從起點到終點的時間裡，為了盡可能度過幸福的生活，必須付諸努力，人生就是類似這樣的「計畫」。

我們會注重日常飲食，養成運動習慣，並借助醫生的力量努力延長壽命。或是思考如何找到合適的另一半、該如何儲蓄以度過退休之後的生活等，我們會運用各種手段，盡量營造出舒適的狀態，並長久維持下去。

然而，依照佛教的觀點，緊抓住「抽離死亡的生存」的觀念而生在世上，是非常辛苦的事情。

人會感到痛苦或煩惱的原因，就是來自於忘記死亡的人生觀。

假使人生觀是造成這個結果的原因，如果沒有改變人生觀，只努力去消除痛苦或煩惱等結果，也許會有暫時性效果，但這並不是根本解決之道。加上如果方法不佳，反而會導致結果惡化。既然都要面對痛苦或煩惱，倒不如正視造成這些結果的根源，也就是人生觀與生死觀，這是更為實際的方法。不去改變原因，只改變結果，是不切實際的方式。

為了抱持正確的人生願景，我們必須重新檢討只站在「人正活著」的生存側面角度，來看待人生的人生觀。換言之，如果沒有引證死亡的例子，便無法進行重新檢討的作業。

對於死亡抱持錯誤想法的人，就不可能擁有正確的生存願景。

當我們處於無法好好品味人生的前提下生存著，無論是感情或思考，都是模糊與混亂的狀態。因為生存欠缺在背後支持的要素，也缺少對於死亡的自覺，所以生存想必也會陷入模糊的狀態。如此一來，人生就像是參加他人招待的派對，卻無法感受任何樂趣。

舉例來說，各位可以想像一下，原本收到派對的邀請函，心想應該可以玩得很盡興，下定決心赴會後，卻在現場遇到不想遇見的人，心中會有什麼樣的感受呢？

雖然在派對會場可以遇到形形色色的人，快樂地談笑風生，但你一定會盡量避免遇到討厭的人，在這背後投注了令人心酸的努力過程。

由於得時時刻刻注意對方的動向，縮頭縮腦地採取逃避的行為，就會很困難地毫無顧慮地享受派對的樂趣。

相同地，在人生這個派對會場中，在我們的生活中，總會有幾位不想遇到的人（事情），這不就是人生的實態嗎？老、病、死就是其中的代表。

佛教奉勸世人，要面對討厭的人，試著與對方溝通。雙方見面後，也許可以重歸舊好，或是開始改觀，覺得對方的性格比想像中來得好。如此一來，包含原本討厭的人在內，就可以盡興地參加派對，帶來真正的樂趣。

在人生這個派對中，只要存在想要迴避或否認的人事物，就無法完全享受派對的樂趣。

五、

當「期待總是落空」，就會感到死心

對於無法直接體驗死亡感覺的我們而言，「死究竟為何物？」果然還是不想了解。與其勉強自己裝懂，不如培養「對於未知事物保持未知狀態的能力」。

對人類來說，「死亡」是絕對不想窺知的領域。

將未知的領域當成已知，我們就會感到安心，但很遺憾地，這種方式不適用於死亡。

我們最多能做到的，就是當作沒有看到、暫時忘記，或是寄託於迷信，忘掉心中的恐懼。無論如何，任何人都毫無例外，總得迎接人生的最後階段，無法用以上的方式矇混過去。

隨著醫療技術的進步，人類延長了平均壽命，最近也經常聽到「人生一百年的時代」這個詞。不過，如果被這類看似美好的詞語所騙，我們就無法了解「死從何時、何處、何種型態而來」，忘記所謂的人生真實面。

如同「小病不斷，大病不患」、「小病不患，大病不斷」的日文諺語，經常生病的人，其壽命會比想像中來得長；健康的人完全沒生過病，但有可能在某一天突然過世。回過頭想想，雖然明知自己無法掌控人生的長短，生命卻還是有令人難以理解的地方。

死亡是超越思考領域的事情，跟我們一般思考事物毫無關聯。死亡這個現象，會確實發生。假設有面對死亡的方式，我們能做的就是等待死亡的到來，也無法找出任何逃避死亡的方法。同時，在不清楚死亡何時到來的狀態下，接受死亡的事實。除了對於死亡的恐懼，還要將處於腳邊的死亡納入人生考量，如此過生活；這是相當重要的事情。

一邊面對無法理解的死亡，將死亡當成理所當然的事情般生存著，一邊還抱持吃驚與恐懼的念頭，以這種方式度過人生。

這就是與提心吊膽的恐懼感不同，也就是具備「臨終之眼*」活著，便能抱持著更為積極的人生願景。

*譯註：出自芥川龍之介自殺（一九二七年七月二十四日）前，寫給友人的遺書，裡頭寫道：「我覺得大自然看起來，比以前更加美麗。大自然之所以美，是我用臨終之眼欣賞的緣故。」而在芥川過世六年後的一九三三年，川端康成寫下《臨終之眼》（末期の眼）著作。

有一句禪語為「照顧腳下」，就字面上的意思，是「仔細看清楚腳邊事物」，衍生含意為「尋求覺悟不要從外界去觀望，要仔細看清自我的本性」。這是值得引以為戒的一句話。然而，其實處於腳邊的，正是死亡。

人之所以能感受到生存的意義，就是因為發現死亡。我們總是會面臨許多不可思議的事情，也無從理解緣由。此外，這些難以言喻與理解的事物，隨時都有可能公然地吞噬自己。正因為對於死亡產生自覺，才能發現自我實際存在的具體輪廓。

如果想要過著將死亡從人生中排除的生活，就代表人生態度欠缺貫徹性。模棱兩可、敷衍了事、矇混過關等懦弱的生活方式，都會有損重視自我生存價值的無可替代性，也是看輕了「人生過了今天便無法重來」的嚴肅性格，或是忽視了「將當下當成只有一次」的真誠態度。

我想這樣的態度，勢必會影響到待人接物之道與職場工作狀態，以及面對所有選擇局面下所應抱持的決心。

「具備臨終之眼活著」，是要將現在所擁有的時間，以化為最大密度的方式充實生活，找出對於自我而言最有價值的事物。

我們往往會替毫無價值的事物製造價值，而輕視真正有價值的事物。就像是《般若心經》中所提到的「顛倒夢想」，人類總是抱著妄想，顛倒過生活。我們的思考帶有類似的顛倒性質，但「臨終之眼」則將生存擺在死亡的事實面前，這不就是看破顛倒夢想的最佳方法嗎？

假設自己會在今天下午死亡，試著在死亡的鏡子面前，擺放各種物品。當人即將死亡時，面臨一無所有的狀況下，才會分辨出閃耀之物與褪色之物。

當死亡來臨，為了解決後生大事的所訂下的人生目標，會突然失去魅力，或是會開始清楚看見重要事物的優先順位。為了提高人生的密度，我們需要的是，因為有著面臨死亡的事實，進而產生深刻覺醒的經驗。

有一句拉丁語為：Memento mori，即「勿忘終有一死」；天天思考著死亡（並非恐懼），在寶貴的時間裡用心過生活，就會感受到在死亡的照射下，陰影增生、生命可貴的姿態。

在進行冥想時，有時候會運用一種特別的方式進行練習：將當下的呼吸，當成人生的最後一口呼吸，藉此集中呼吸。這個方式不僅含有思考層面，還透過了情緒層面讓生存與死亡的距離變成零。當生存與死亡的距離為零時，人就幾乎等於是不存在的狀態。透過消除生存與死亡之距離的排練，就是為了讓人能安心死亡的排練。

反之，在以線做區分的人生觀中，如果將周遭人物的死亡作為題目，來想像死亡；或是將死亡套在自我思考的框架中，為了接受死亡而掙扎，就會經常感到痛苦。

六、

人總是期盼能獲得幸福，卻做著完全相反的事

就像是盡全力活一整天的人，能獲得深沉且安穩的睡眠；唯有全力活盡人生的人，才能安心地離開人世。無法活盡當下的人生，就宛如要死不活的狀態。因為有完全的生存，才有完全的死亡。

佛教認為真正的自我，是「沒有出生，也沒有死亡」即「無生無死」的狀態。由此看來，我們所畏懼的其實是「無死」。

我們在思考事情時，即使沒有下意識，都是將自我存在於世上當作前提活著。由於死亡代表自我消失在世上，所以任何人都無法體驗死亡的過程。體驗死亡的主體，會連同死亡一同消失。

換言之，我並不會死亡。我隨世界而生，隨世界而消失；體驗死亡的主體並不存在。

因此，人類從一開始在世的時候，就思考自己死後該如何的這件事，是不切實際的行為。無論怎麼思考，都是以個人存在為前提來思考，若思考個人死後該如何這件事，是毫無意義的。各位要牢記這點。

當我們重新思考死亡這件事，跟死亡相關的各種事情就會變得混亂，處於混沌的狀態。這時候，你需要暫時整理對於死亡的觀念。

究竟自己對於死亡的哪個環節會產生深刻感受呢？不妨試著整理「那個環節」的部分。

經過仔細整理後，會發現，我們不是在意死亡這件事，而是在意人邁向死亡之間的過程。

我們會擔心與死亡有關的事情，例如死後會失去的事物，以及想到死亡所帶來的痛苦等，就會感到不安或恐懼。

不過，各位可以放心，死亡本身就是含有不安或恐懼的性質。就某種含意來說，死亡也是極大的解脫，並非都是不好的。

日本名僧良寬法師曾說過：「當死亡到來時，就要靜靜地等候。」在還沒死亡的時候，就要充分享受在世的時光。

如同「活要活在當下，死要死在當下」這句話，生死並不是並列相對。當人活著的時候，眼中所見只有「生」；死亡的時候，眼中所見只有「死」。

任何人都希望自己能光鮮亮麗地活著，死後才不會留下遺憾。如果擔憂未來，就像是把自己投入於無謂的想像之中，這就不是「僅限當下」。以佛教的觀點來看，就是瞻前顧後，心有雜念。

人類的天性往往執著於已經造成的事實，或是擔心還未發生的事情。如此一來，本來力求活在當下的生命能量，將會被拉引到負面的一端。

「活要活在當下」的意思，是要多加運用因為活著所賦予的能量，不要去擔心死亡，給自己添多餘的煩惱。要發揮百分之百的能量，去做當下所要完成的使命。

渺小的我們，並無法隨心所欲地控制諸行無常的人生。由於自我也是屬於諸行無常的一部分，所以我們對此感到束手無策，只能選擇屈服，得全面接受世上所發生的任何事情。我們無從選擇，得抱持感恩的態度，去接受既定的所有事物，而且最重要的是懷抱包容的態度。

禪師語錄云：「生也全機現，死也全機現。」現為表現、機為作用之意。生與死，都是宇宙萬物作用的表現。也就是說，任何事物都是整個宇宙的表現之一。

每到春天，植物開始萌芽，開出美麗的花朵，這是因為整個宇宙的開花現象所致。如果在宇宙之中，產生某個相反的現象，植物便不會開花。正因為整個宇宙肯定並贊同花朵的存在，所以植物才得以開花。

人的生命也一樣，因為獲得宇宙的允許，於是我們得以生存在世上。我們必須接受這個事實，這個如此嚴肅的事實：人無法苟且偷生，只能對於死亡抱持萬分的期待。

我認為人只有在活盡人生後，才能安心迎接死亡。就像是在白天努力活著的人，到了晚上才能安眠。唯有珍惜宇宙所賦予的生命，用全力活盡人生的人，才能安心地死亡。

明明還活著，卻每天擔心死亡，這不是全生，而是苟且偷生、半死半生的生存狀態。

提到「當下」，就像是不會再次渡過同一條河的概念，「僅限當下」所產生的瞬間，也會在產生後快速消失。我們生在這個世上，絕對不可忘記「當下」的重要含意。

七、

停止追尋「你缺乏的」，因為你擔心、牽掛的事都不會發生

人總是汲汲營營地追求各種事物，包括學歷、能力、財富、戀愛、地位、名聲等，追求的對象因人而異。就算獲得旁人的稱讚與認同，即使取得了多麼想要的事物，也無法體會生存的真正喜悅。

在思考生命得活得更有意義的人生態度時，著眼點之一是，以擁有更豐富事物為志向的生存方式，以及想讓自己更具存在價值為志向的生存方式，兩者產生成對的概念。

除了財富或朋友等物質層面，豐富的事物還包括抽象性的能力、知識、地位、名聲、美貌、年輕等；如果能擁有這些，一定會變得幸福，而且想要全部占為己有。有一種生存方式，就是以追求「看似能滿足自我的想法」為優先選項。

抱持這類人生態度的人，往往會想要藉由財富或名聲地位來吸引旁人注意，以填補自身的孤立感。或是在看到比自己擁有更多財富、地位的人時，為了避免心中因嫉妒或卑劣感而感到苦惱，加上為了逃避人生在世所無法避免的生、老、病、死等討厭的事情，所以只能不斷地追求這些事物，用自身的擁有物多寡來自我防衛。他們沒有把眼光放在自我的「存在價值」上，只專注於能「擁有」多少事物。

因此，即便擁有優越的身體素質、過著快樂的生活、住在華麗奢華的環境中，依舊永無止境地追求慾望。因為想要有更多更好的事物，所以整天處於追求自我滿足感的狀態。

即使已經擁有比別人更多的東西，但就像是口渴的人喝了鹽水，反而更為口渴般，慾望更為強烈。人擁有越多，只會徒增「擁有得不夠多」、「感覺還缺少什麼」的空虛感。如果無法擁有更多，便感到過意不去。為了補償匱乏的物慾，會一次又一次地尋求補償後所產生的興奮情緒，這就是人的貪念與執著。因為對於「擁有」的執著，才會產生「這樣還不行」、「還要多擁有一些才行」的慾望。慾望永無止境，可說是患了擁有的依存症。

然而，即使像發了瘋似地努力擁有更多的東西，人只要一死，就會被全盤否定。此外，即使擁有許多物質或非物質東西，事物的本質依舊不同，人們依舊無法解決該如何充實且有意義地活在世上的實際問題。我們得時常將這個告誡放在心中才行。

至今所擁有一切，包括性別、年齡、學歷、職業、年收入等，當初發下豪語聲稱「我所存在的意義，就是個人所擁有的一切」的所有事物，都會因為死亡而變成名存實亡的狀態。死亡會剝奪人所擁有的一切，讓自己變成一無所有的狀態。

某些人的生活方式，就是得依靠個人所擁有的一切，來保護自己。對這種人而言，死亡當然是件恐怖且不敢面對的事情。然而，只要能認真地接受死亡，這才會開始察覺到自己所「存在」的次元，並不是以往所追求的「擁有」次元，或是才真正開始深入探究「存在的本質」等問題。

很多人往往會忘記「我」個人存在的生命基礎，只會在意他人與自我的和諧關係，或是擔心因某人說些什麼，而讓自己感覺受傷的生活瑣事。

當我們首度意識到「我」會死亡之後，才會發現到自己正存在於世上的基本事實，而不是那些無關緊要的小事。在生活中發生的大小事，也許都能讓其他人代勞，但唯獨個人的存在，是任何人所無法取代的。當我們醒悟並驚覺這個事實後，就會萌生虔誠的宗教信仰。

在講究自我與他人得有協調性的世界裡，如果一年到頭都在抱怨「我沒有這個，也少了那個」，就是忽略上述的事實。最重要的是，如何坦然接受我們存在的事實，以及獨一無二的「我」誕生在這個宇宙的事實，從以上的觀點來重新檢視一切，就會發現人生的轉捩點。

人生在世上，都會遇到生病與衰老，最後死亡。這是恆久不變的過程，無法找其他人頂替。而且，在這個當下，「我」存在於此。當我們醒悟到自我的存在時，要如何度過自己的人生，就是主要的課題。如此一來，人生的風景也將大為不同。至於該如何擁有想要的一切，以及要擁有哪些事物，則是完全不同層次的問題意識。

歸根究底，雖然可以比較擁有事物的多寡，但「我」的存在是無與倫比的，不值得與他人競爭，也無從比較高低上下或優劣。一旦終於發現這個事實，自我就是自我，僅只於此，無法成為他人。

只要了解這個道理，就能自然地想通並懂得，人沒有必要追求無止境的慾望，也能慢慢放下多餘的執著。沒有必要勉強自己甩開身上的執著，而是自然地放下執著。

把時間花在不完全的事物上，只為了讓事物變得完全，我們其實不需要用這樣的框架去思考人生。現在，在某個角落已經有一個完整個體正在發揮作用，我們只要包容這些事物，並率直地尋求能加以表現的道路。

就像是探照燈的方向，我們不用為了尋找擁有物，將探照燈朝向自己以外的區域，而是面對自我，照亮自我的存在。這就是身為人所應當轉變的狀態，也就是禪宗所謂的「迴光返照」。

八、

無論遇到什麼難題，都要當成人生課題、學習志業

Everything is workable，世上沒有恆久不變的事物。不管遇到什麼樣的局面，把當下的困境視為一大煩惱問題，或是當成人生志業，兩者所見的人生風景將大為不同。

無論遇到哪些大問題，都不用擔心，所有事情都有轉圜的餘地。也許事情的發展不如當初所預期般順利，但之後一定會產生變化。

不管處於什麼樣的局面下，都不要將將事態視為問題（problem），而是當成志業（work）加以面對。因為諸行無常是這個世界的真理，發生的事情終究會過去，你一定會找到解決之道。至今已經面對且遭遇的各種大小事，總能想到辦法的。

不用擔心事態發展，因為事情總有解決之道，諸行無常的真理，會時時刻刻給予聲援。這是非常重要的道理，各位一定要記住。

只要充分理解以上的事實，即使仍感到煩惱，事情的發展也不會就此畫下句點，而是能找到其他的解決之道。是的，我這樣的形容方式有點怪，但就是要各位安心地煩惱。如此一來，你就能換個心態，正確地面對心中產生的煩惱，以及全新的關係。

遇到同樣的事態，不要把它當成是困擾的問題而感到苦惱，或是選擇逃避。只要把問題當成是人生的志業，讓它累積成能讓自我成長的糧食，並認真地面對事實，就能百分之百發揮與生俱來的力量解決它。

因此，我們首先要做的，是自主性地決定「將所有事情當成志業來執行，所有事情都能透過志業來解決」。

只要下定決心如此過生活，相信一切就能隨心所欲。換言之，如果沒有下定決心，心中有所猶豫，就無法獲得理想的結果。

我們必須具備的能力是，無論發生何事，都能將所有事情當成是自身志業，真誠地面對並自主性地下決定；這是件十分重要的事。

同時，為了將所有事情都當成志業，就不要去挑選眼前事物的好壞，必須抱持著積極面對的心態過生活。

不要以自我為中心來取捨或選擇，要真誠並細膩地接收自我與世界的現況。

如此一來，當我們深入理解自我與世界的現況後，就會發現原來身邊的事情，都像是世上的奇蹟，無論如何都會深切地懷抱感激之心。

只要實際體會到自己活在世上，都是值得「感激」的事情，就會發自內心湧現「感激」的感謝心情。

過往總是抱持著「少了什麼」的缺陷感看待這個世界，在改變想法後，就會發現原來同樣的世界，居然能變成「萬物豐足」的狀態。我們要抱著感激之心接受這個事實，無論好事或壞事，都全盤接受。

我想，這就是人生最為純粹的志業形式。

第二章

CHAPTER 2

開發自我

擺脫想要99%支配的自己

九、真正的人生，在於捨棄

我們通常認為，「我」與「世界」是互不相干的獨立存在。同時，我們的感受和知覺也認為，所有事物都是零散地存在於世上，並依此來思考、感覺、行動。不過……我們為何會有這類的想法？

日本的道元禪師在《正法眼藏》現成公案中寫道：「學習佛道，就是學習自我。」

在浩瀚無窮的宇宙之中，自我只有一個，無法比較。「我」的存在是獨一無二的。換言之，就是無法取代的「生」。

也就是說，道元禪師所強調的，是「宇宙的主體，也就是我正存在於世上的事實。學習與生存事實相關的道理，就是佛道」。我認為這是值得眾人參考的生活態度。

從現在開始，我們會深入思考自我，以及「生」的本質。但首先要掌握的重點是，佛教所提到的自我，並不是與旁人切割、單獨存在的封閉個體，而是一邊與旁人交流，同時以開放性的人生態度，存在於世上。

換句話說，所有事物都具有相互關聯性，並在相互之間的關聯性中生成、變化。但不如說，有著相互關聯性所組成的整體，其實就是自我。

在那裡，找不到把自我分隔與非自我的分界線。放眼所見，都是自我的風景。

相較之下，平常的我們，總是在某個緊密凝聚的範圍裡，以名為「我」的主體為中心，試圖去控制周遭所有以零散形式呈現的事物（人物、狀況、環境等）；這是人類常見的行為模式。宛如在整個世界裡，眼中只容得下自我的存在。

我們雖然認為這是理所當然的道理，但無論是執著於以「我」為中心的想法，或是區別「我與我以外的事物」的想法，都是佛教所認為的謬見，也就是錯誤的見解。

仔細檢視自我的真實面貌後，事實上，正因為抱持著自我意識，「我」才會突然化為實體，現身於世。在探究這個事實時，可以引述道元禪師所說的「盡一切自我」來加以表現。

探究「我」的真實樣貌，並無法畫下一條線來區隔；「我的範圍到此為止，前面的就不是我的範圍」。某個事物在當下會在此出現，即便是再如何渺小的事物，它都與整個宇宙有關。

「盡一切自我」是包容世上所有事物，也就是包容一切的自我。

原本，世上所有事物都是「相互連結」，但不知為何？人類天生具有強烈的傾向、習慣、型態等，能將天生無從區別的事物加以區隔化。我們在自我的周圍築起一道牆，明確地分隔內外，將牆壁內側當成自己，外側為他人，嚴加區隔內外。

自我的意識是設下分界線後，一個封閉性的存在空間，像這種將自我關在內部的狀態，就稱為「自我」。

舉例來說，就像是被包在硬殼裡的核桃。為了在遭遇苦痛或無常的現實生活中，自我防衛，而包上一層硬殼以阻隔外界。然而，這也是阻礙自我與外界活絡交流的沉重鎧甲。佛教認為，自我就是牢獄。

以被硬殼保護的「我」為中心，那些周圍零散地存在的就是「我以外的事物」。在這樣的「世界」裡，存在著無數與自己同樣被硬殼守護的「我」，以及被自我所稱呼的他人。我將這個景象稱為「分離的景象」。

我們處在這個分離的框架中，理解並處理世上的所有事物。然而，我們欠缺縝密的思考，無法辨識事物的正確性，只深信自己像是沉重且堅硬的固體，生存在這個世界上。

我在前面提到「自己像是某個緊密凝聚的固體」，如同字面上的意義，以具體的現象為例，就是身心會產生緊張的情緒或是緊繃的力量。

每一個人都抱有過剩的緊張情緒，而且在意識或無意識之間，還會處於畏縮的狀態，無法勇於面對一切。

結果，慢性的緊張情緒會反映在人的思考、感情、態度等層面，同時還會有組織性地啟動自我防衛的機制。如果，我們能放下（捨棄）防衛性的緊張情緒，就是做到道元禪師所形容「身心脫落」的境界。

有句話說：「即使理解世上所有事物，對於自我不夠了解的人，仍是充滿缺陷的人。」無法了解自己的人，即使具備淵博的知識，依舊會欠缺某些決定性的重要環節，這是值得借鏡的洞察。

因此，自我之所以會經歷各種痛苦或煩惱，真正的原因並非是社會、某人、某事，或是運氣不好，而是「決定性的重要環節」，也就是對於自我的錯誤認知。

唯有跨越對於自我的無知，才能以平靜與喜悅的心情度過人生。「生」最重要的是理解到所有的人生經歷，都是無法逃避的課題。

接下來的篇章要告訴各位的，並不是去追求未知、理想中的「我」的形象，而是先要充分理解現在的自我，並找出能消除所有人生問題的方式。

我們要懷抱著問題意識，去探究自己在毫無自覺的狀態下，深藏於生存基礎中的根本性成見。因此，本章的課題，就是要各位「再次思量」這些以感受與思考為一大前提，深藏於其中的事物。

不妨將自我的人生當成實驗室，親眼確認我們原本所忽視的預設立場，是否真實存在。相信從現在開始，所有一切將重新出發。

十、

人們，總沉淪在自己「渺小的世界」裡

在我的眼中，世界是什麼樣的狀態，取決於「我」的人生態度，以及是否親眼見證這個世界的發展，兩者之間並非毫無關聯。人的內心，以及內心所經歷的世界，兩者是息息相關的。

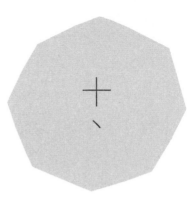

我們生在世上，總認為無論好事或壞事，一切事情的結果都會降臨在自己身上。

這就很像是「天動說」的理論，即人類位於世界中心，固定不動。像是宇宙，也就是自我以外的所有事物，都圍繞在自我的周圍運行。

不過，事實上是地球繞著太陽公轉（地動說）；但就個人經驗來看，會誤以為太陽圍繞在我們四周運行。因此，很多人才會認為天動說較符合日常經驗。

如果以「自我為中心與周圍的世界」這個結構為前提過生活，自我與世界便會產生主、客的對立軸，總覺得各種麻煩事情，都是從「世界」往「自我」的方向降臨而來。

因此，為了避免「自我」受到外界影響而改變，包覆在外圍的硬殼會越來越厚，以加強防禦。這種現象，在社會中被稱為「自我提升」或「改善」，也就是自我認同或自我建立。

然而，人們越往這個方向前進，就會更加擴大與「自我分離」的程度。因為自我提升的另一面就是追求自我滿足，當所有的言行舉止都是依據該目標而展開，整個人生所呈現的，就是自我與他人競爭的面貌。

從這個封閉系統所衍生的另一個問題是，為了維持現狀，人們會毫無止境地利用周遭的人事物。

無論何時，「我」都是處於社會中心的主角，也就是所謂的自我中心主義。所以從「我」的視線瀏覽一切時，所有事物都是「我的故事」中的舞台或登場人物。以「我」為觀點，周遭的人事物就變成被賦予意義的配角。

如果有可能，相信任何人都想要經歷一段有美好結局的人生故事。因此，「自我」能帶給周遭旁人帶來多少的影響？或是又能掌控多少的一切？好讓「自我」可以隨心所欲地行動，這些反而成為人生最重要的課題。

那麼，該如何掌控一切呢？「自我」是絕對不會改變的主體，把喜歡的事物放在身邊，覺得依依不捨；若是討厭的事物，則是遠而避之。

這種現象稱為 push and pull「推與拉」，對於無關緊要的事物選擇忽視（ignore）的態度。這就是佛教所稱的「三毒」，也就是為貪（pull）、嗔（push）、痴（ignorance）。

這是一個取捨憎愛的世界，人們必然會產生歡喜或低落等劇烈的情緒起伏和動搖心情。在這個世界裡，每個人總是煞費苦心地想要度過美好的生活。

「我」沒有改變，而且去試著改變周遭的人事物，以此為前提生活，就會經常發生爭執。這種情況並非偶而發生，而是必然會產生的情況。

此外，無論再如何「拉」進對自己有利的事物，同時也會開始感到不安，害怕這些事物會在某一天消失。同樣地，就算設法將討厭的事物「推」出去，讓討厭的事物遠離自己，還是會感到不安，擔心討厭的事物會再次找上門來。

不管怎麼做，或許能獲得短暫的幸福，但無法長久度過幸福的日子。拉會帶來痛苦，推也是一種痛苦，人們永遠無法消除不安的情緒。

因為如此，所以我們都具有根深蒂固的天性，總是本能性地追求對自己有利的事物，排除對自己不利的事物，其中心思想就是自我。

換言之，一般人的認知是，先有自我的形成，並由自我做出取捨和選擇來過生活。然而，事實上是，我們在取捨和選擇的行為中，心中產生了錯覺，（以為）正好發現了看似自我的事物。因此，可以這麼說，取捨和選擇本身就是自我。

如果沒有發現是這是自己的錯覺，就會產生佛教所形容的「根本無明」事態。相對於枝末無明，這是更根深蒂固的錯誤思想。

人們基於這樣的錯覺，便陸續產生主觀與客觀、自我與他人、喜歡與討厭、善良與邪惡、是與非、損失與獲得、愛與恨等雙重性概念。因此，便捲入「非此即彼」的雙重性糾葛中，才會對於所有人生問題感到煩惱。

十二、抛棄「挑他人毛病」的惡習

以自我為中心，想要過著更美好的人生，或是想要讓自己能獲得更多的幸福，人們都以這樣的人生態度過生活。「無謂地努力」或「操勞地費心」的生活態度，會製造善惡、愛恨、悲喜、快樂與苦痛等對立糾葛的世界，這可說是人生最大的元凶。

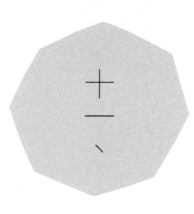

我們所想像的「人生」，是在「我」與圍繞在身旁的「世界」之間，上演紛紛擾擾的悲劇、喜劇、羅曼史等，各類故事情節錯綜複雜地展開，這就是我們對於人生的定義。

在此前提下，人就會開始思考「只要擁有這個，就能獲得幸福（如願以償）。那麼，該如何獲得呢？」

因此，當我們想要解決發生在「我的故事」中的各種問題，對於是否能解決問題而感到憂喜交錯，東奔西走地過著生活時，卻沒有用心思考與探究有關「我的故事」的本質，而是選擇放任不管。

在多數場合中，每當發生不愉快的事情時，我們會把這些阻礙「我的故事」發展的絆腳石，視為人生一大問題，也就是英文的所謂problem。「我」本身應該沒有什麼問題，所有問題都來自於外在，因此只要處理外在問題，問題應該就會消失；我們總是陷入類似的思考模式。例如只要某人不在現場、某人如果能這麼做，或是某件事情能順利完成的話，問題就能迎刃而解。

這些都是避免面對「我」本身問題的技倆，讓「我」保持不變的狀態，去處理「我」的外在事物。處理，就是操控的意思，也就是試著改變外在，讓自己更有利行事。然而，製造問題的往往來自不是外在的某人或某事，而是從「我的故事」而起，最後產生有關於生活的痛苦或煩惱。

所謂「我的故事」，是「應該怎麼做」、「不能怎麼做」人們至今不斷守護著的烙印，或是深信「如果怎麼做，就會有什麼樣的結果」、「如果沒做什麼，就無法獲得某些結果」等，以及抱持著「反正我這種人只能……」之類憤世嫉俗的人生觀等，這些是隨著長年累積經驗後所形成的主觀想法。

所謂的主觀，就如同主觀與客觀的相互關係。客觀是產生主觀的必要條件，正因為有客觀，才會有主觀的存在。

然而，事實上根據佛教的洞察，主觀與客觀的組合，是人類經過思考後所營造出的錯覺。主觀與客觀只是表象，實際並不存在。無論在哪裡，所有的思考都是虛妄分別。

主觀與客觀，是腦部所塑造出來的認知性錯覺，就像是腦中的幻覺，正在觀看著幻影的狀態。明明是沒有實體的幻影，卻讓人誤以為有兩種真實存在的物體，往往還把人唬得一愣一愣，的確是相當高明的技倆。而且不管怎麼檢視，都感覺不出來是一種騙人技倆。

我們堅信，受到思考這個面紗所覆蓋的「世界」，是真實的世界，並透過各種行為與他人爭論不休，而且只要一開口說話，總是帶有憤恨不平與不滿的情緒。

想要這麼做，想要那樣做的慾望；或是少了這個，少了那個地不斷抱怨。每天說著充滿不平與不滿的話，也只會口出惡言。因為經常「挑別人的毛病」，所以感到神經緊繃。

當「我」產生應該怎麼做，或不應該怎麼做的自我想法時，如果遇到無法認同自己想法的人，就會更加在意對方，無法放寬心。

「我」抱著認真的態度過生活，犧牲自我、奮鬥努力，每當這種想法越發強烈時，就會向對方尋求相對的「謝謝」或「抱歉」等回應。因此跟任何人相處，都不會感到快樂。

很多時候，人們都是因為自己的緣故，徒增煩惱。

佛教認為，「識」被無明，也就是「惑」所遮蔽，會形成主觀或客觀的樣貌。接著，在該結構中思考目的或手段，並決定採取行為，這是被我們視為理所當然的行為。然而，善惡之業就是因為無明而起。惑不會單純保持惑的形式，而會發展為業。

被無明所遮蔽的識加上思考，隨後發展為業的形式，當業起了作用後，就會產生苦的結果。因為業會對現實產生效應，於是誕生苦的現實結果，也就是「惑↓業↓苦」的前兆變化過程。

因此，識對於苦產生反應，並加深了惑，再次發生「惑↓業↓苦↓惑……」毫無間斷的連續過程。

如果自願處於這個「惡因、惡果」的循環中，那就另當別論了；但若感到厭倦，想要逃離這個循環，就必須付諸行動才行。因為是自身的行為，所以就得靠自己的力量處理。

反之，唯有自己才能想出解決之道。若棄之不顧，就會沿襲以往的習慣，不斷重複以上的惡性過程。

只要造了業，就會更加束縛自我。原本為無繩、無縛的自由狀態，卻變成自繩、自縛的狀態。很遺憾地，人只要越努力，越會加深自我束縛的程度。

佛教主張人要打破主觀性，最重要的是找回主體性。主觀性與主體性雖僅有一字之差，含意卻大不相同。

佛教的觀點認為：「佛法不具主客二法，但從心區分為：透過妄心所主動獲取的事物（主），以及被動獲取的事物（客）。」

對於我們而言，妄心指的是自己。於是到最後才發現，一切都是自己欺騙自己。

造成這番結果，並不是任何人的過錯，是自己的過錯。如果能洞察到這點，就會開始產生主體性。主觀不是面向外側的客觀，而是照亮內側，也就是透過自我本身，就能開始轉變為主體性。

禪宗所謂的「迴光返照」，就是將原本朝向外側的光線轉向內側，照亮自我。當主觀不再否定自我的無根據性，能勇於接受與承擔，便開始產生主體性。

我們往往認為，能盡如人意地掌握分別的思維，就是自由，但並不是這樣的。因為這是自我的自由，是必須跨過的難關。

在佛教的觀念中，遵從佛法與律法，才能獲得真正的自由。道元禪師說：「我們只須遵從佛的力量，將一切寄託於佛。」

打破分別，聽從自己的聲音，這才是真正的自由。當你否定主觀的自由後，遵從自然道理的主體自由就會成立。

自由的「自」，不是自我的自，而是自然的自。所謂的無礙自在，只存在於這樣的境界。

事實上，無論在何處，主觀的自我自由都會產生妨礙、阻礙、耽擱，是極為不自由的狀態。若無法加以克服，便無法感受由「我」而生的自由。

十二、一直處在「我很可憐」的狀態下，內心永遠無法滿足

仔細地檢視所有造成煩惱的原因，是相當重要的一環。在感到恐懼之前，要先正視形成恐懼的過程。問題往往是，在沒有充分體會人生的前提下，內心感到混亂且無法好好地生活。

「我」所代表的意義，就是任何人都無法取代自己走過老、病、死的過程；「我」的存在不僅獨一無二，而且當每個人與他人產生關聯後，才開始察覺到以上的事實。

正因為不知道箇中緣由，當我們與形形色色的人或事物產生關聯時，若開始檢視自己現在的生活方式，就會對於自我不可思議的雙面性，感到矛盾。然而，大多數的人都誤以為自己是獨立存在於世上，喪失了「關聯性」的觀念。

我想大概只有人類具有不可思議的力量，能憑藉毫無根據的想像而罹患疾病。人若是無法脫離「自己和世界分離的視角」的束縛，在顯而易見的點與點（出生及死亡）之間，會因為缺乏他人無形的輔助或幫助，而無法順利走穩人生這條路，所以必定會產生孤獨感等負面情緒。

自我周遭以外的事物，都不屬於自我，而且是分離且孤立的存在。無論是否為下意識，只要採取「自我封閉」的視角來看待這個世界，當自我的外殼破裂後，就會覺得自己受到外界的攻擊，於是時常採取防禦姿態。防禦的另一面，就是恐懼。用來防禦他人的屏障，會孤立自我，進而產生孤獨感。

為了忘記這種孤獨感，試著與他人產生關聯性時，便會形成依附或共謀的相互安慰關係。此時，就會占對方便宜，同時也會加深孤獨所帶來的痛苦。諷刺的是，伴隨著恐懼並想要與他人產生關聯性的慾望，反而會讓「我」陷入更為封閉的境界。

我們在所謂的不幸與不安的狀態下生存，並追尋另一面幸福與安樂的生活。正常的追尋，指的是追求財富、知識、名譽、地位，擴大自我形象並建構人際關係，但只要走在「自我封閉」的路線上，無論再如何追尋，都無法滿足願望。

渴望幸福與安樂的情緒，就會衍生出不幸福和不安樂的情緒。自己還不夠幸福，也沒有處於安樂的狀態時，就因為自己如此深信著，才會產生這些情緒。

舉例來說，如果想要獲得他人的愛、讚許，或是想被體貼對待，就是代表現在的自己並沒有被愛、被讚許、獲得體貼對待；因為認清這樣的事實，所以產生這些情緒。

因此，人們只能把獲得他人的愛、讚許、體貼對待為目標，以此為方向做努力，同時反覆經歷成功或失敗的結果。

雖然內心想獲得他人的愛，但最後還是做出否定愛的尋求方式。因為認為自我與他人是處於分離的狀態，便開始想要抗拒一切，導致沒有餘裕接受他人的愛、讚許、體貼對待。

雖然一邊向他人尋求愛、讚許、體貼對待，但自己卻不夠敞開心胸；無法開啟接受他人的愛、讚許、體貼對待的心態，卻只會在意他人是否服從自我。

所以無論再怎麼努力，最終心裡還是無法豁然開朗，反而會覺得「明明付出那麼多的努力，還是沒有好結果」，更加深自我的迷惘。

我們認為「我」與「世界」是分離關係的想法，其實是思考所捏造出來的錯覺。世間萬物都生存在相互關聯的組織網路裡，沒有任何一個事物獨立在這個網路之外。

所謂的存在，一定伴隨著「共存」，其中包括人的痛苦與悲傷，同時也具有幸福與喜樂。因此，人們無法隨心所欲地僅獲得其中一個要素。

我們眼中所見的，並非真正的現實，而是自我內心的投影，這是佛教的基本立場。也就是，人們是抱著希望的心情來觀察一切。

這樣的世界並不是客觀性世界，而是「自心所現的幻境」，也就是自我內心所顯現出來，如同幻影般的世界。

因此，在自我所建立的「世界」中，無論獲得多少愛情或讚許，都只是佛教所形容的「夢」。

一切事物與虛妄，都只是夢境一場。即使人們認為解決了人生問題，但這僅限於夢的世界裡；沒過多久，又會感到孤獨感或空虛感。或是，個性變得更加固執，開始自我設限，踏入一個無法自由活動的境地。

就像是在夢中吃飯，不斷喊著肚子餓、吃不飽的情形。在夢中，不管喝下多少水，還是無法一解現實生活中的口渴。

我們把這類的幻境當成現實，並思考如何處理各類人生問題。然而，處在這個層次下，無論如何努力，還是無法深掘到問題的根源。

因此，佛教提倡「從夢中出離的境界」。如果能從夢中清醒，原本被視為問題而造成紛紛擾擾的問題本身，就會自然消失。

十三、

擁有真心的人，不會去與他人比較

所謂的「調和」，就是不會耗費心思在無謂的事物上。因為內心有著協調的狀態，就會停止去做多餘的事情。也沒有必要，去追求各種多餘事物。

我們從出生起，就時常被旁人灌輸觀念，要拿自己與他人做比較。因此，看到比自己擁有更多條件（財富、美貌、能力、地位、收入、朋友人數等，涵蓋所有種類）的人，就會心生羨慕或嫉妒。

反之，如果自己所擁有的比他人更多，就會產生優越感。不單只是區別彼此差異，而且還任意評價他人，這可說是人類悲哀的一面。

與他人比較後感到憂喜交錯，或是自己給自己下了不良的評價，進而感到沮喪等，都是看輕自我的證據。事實上，真正的自我，早就已經超越自我評價的範圍。

大多數人都無法想像，自己在宇宙中，其實是無與倫比的存在。你也無法想像自己具有無窮的潛力，而是以淺薄的見解來貶低自我。

由於佛教經常使用「離心」或「無心」的用語，進而造成很多人的誤解；看字面以為佛教要世人否定背離真知、真見之心（妄心），將妄心之人視為惡人，並抑制妄心之人。但，其實並不是這樣。

我們必須透過自身的經驗才能明白，以欠缺智慧且魯莽的壓抑手段，並無法真正解決問題。

當能量受到壓抑且封閉於內部時，一定會尋找宣洩的出口，不久之後便衍生出其他形式的問題。設法終止妄心的心，當然也是透過妄心。為了「自然停止」抑制妄心的心，我們必須假定另外一顆名為「真心」的心。不過，光靠單一而普通的「心」，並無法解決問題。

更重要的是，沒有必要捨近求遠去追求另一顆心，因為妄心與真心並非毫無關聯。真心為本，妄心為末，兩者是緊密的本末關係。對於妄心而言，真心為心源，也就是妄心的本源。這兩顆心並無法相互分離。

即便如此，一邊為妄，另一邊為真，本質並不相同。佛教經常用「波浪與水」來比喻真心與妄心，其不一不異的關係。

各位可以想像一下，當風吹拂大海，海面產生無數的波浪後，波浪慢慢消失的景象。

妄心就如同水面上的波浪，載浮載沉。我們都會留意波浪的外形，例如高低、大小、強弱、美醜等，評論表面所見的景象。

相較之下，即使遇到狂風大浪，真心依舊不變，就如同水的本質。無論是高低、大小、強弱、美醜等，對於水而言並沒有任何意義。

佛教的基本思想中，認為人的心中有以上二相，也就是「心之二相論」。

妄心是因心源（真心）的疏忽而產生，就某種含意而言，妄心是由心源而生的躊躇之心。

心是波浪，也可化作水來存在，但多數人只能看見波浪的景象，卻無法了解心的本質是水。

很多人誤以為自我內心所處的狀態，就是水在各種條件下時時刻刻變化的波浪，受到內心所迷惑，產生憂喜交錯且混亂的心情。

然而，無論波浪以什麼樣的狀態產生，我們內心為水的本質並沒有改變。只要把注意力轉移到心誕生的過程，而非心的內容。

因此，我們應該要做的，是深入地檢視自我，這時就會發現在波浪世界的正下方，存在著無形的水世界，還要試著探究真實的世界。

如果我們能有健全的心態與感受，當各種刺激產生出反應與魯莽的行為時，所泛起微微的波浪之心，就會自然而然地停止。

當妄心心悅誠服，就會回歸平靜。

無論思考或情感吹起微微波浪，都要加以留意並仔細觀察。只要風平浪靜，就能欣賞到寧靜的大海。

也就是說，人的心靈也會獲得平靜與調和，並得以消除因與他人比較，而造成的煩惱。

十四、因為沒有歸屬感，便難以放鬆

無論發生什麼事，我們絕對不會從人與人之間的「關聯性」範圍中流落出去，所以也沒有必要向外界索求想要的事物。對於人生中應盡的義務，要抱著寬心且沉著的態度面對，相信只要保持放鬆愉悅的心情，就能加深人與人的信賴關係。

無論身處何方，或是與誰相處，有的人會有種疏離感，無法感到放鬆。相信，這些人很容易在意他人的言行舉止，或是找不到能讓自我安心的容身之處。如果用上個單元「波浪與水的比喻」來形容，自我的存在就像是與大海分離的波浪，也就是以欠缺平衡性的生存方式來思考，才會產生類似的觀感。也就是說，在「活得有意義的生存」的生命事實中，有的人只看到後半段的「生存」部分。

海面起浪的時候，從上面觀察波浪時，因為只有看到浪峰，會感覺每一道浪都是零碎的外觀。然而，從旁邊觀察後，也就是再提高一個次元，以立體性的角度來檢視，就會發現單一的海水，會產生數種不同外觀的波浪。

波浪無法脫離大海，同時受到大海的屏障，得以保持各自的高度或大小。若要將此二重結構的狀態，比喻為我們經常存在並能感到安心的場所，就稱為家（home）。不過，有的人因為缺乏以家為角度來思考的出發點，而失去了歸屬感，所以產生了心靈無法平靜的 homeless 錯覺。

有句成語叫做「安身立命」，就是指人的精神與心靈感到安定後，生命便有所立。「立」是「獨立」之意，也就是代表「清楚顯現出真實的樣貌」。

每個人都能平靜地顯現出真實的樣貌，或是做到獨立自主。我們人生的目的，不就是為了追求原鄉，那個所謂「家」的存在嗎？

人總是汲汲營營地追求各種事物，包括財富、愛情、地位、名聲等，追求的對象因人而異，同時在付出努力的背後，其實都是為了追尋具有歸屬感的家，這是最大的共通之處。

然而，就像是波浪無法脫離大海一樣，其實任何人都無法置身於家以外的場所。應該是說，每個人的出發點或條件都有所不同，同時因為找不到方向，所以只能拚命地找尋能取代家的事物。

當然，畢竟追尋的只是替代性的家，仍舊無法「安身立命」。因此，又開始踏上追尋「其他的家」的旅程。最後，經過尋尋覓覓的過程，對於家的失落感更為強烈。因此，當追尋的行為產生疏離感後，就只能陷入無謂地追求家的惡性循環。

原本是要尋著光線前進，卻深入了黑暗深淵。為了擺脫毫無意義的惡性循環，只好改變想法，當作自己已經置身於理想的家中。

例如，念佛所經常念誦的「南無阿彌陀佛」，其「南無」的原意為自身之生命歸投於佛，也就是「歸命」之意。因此，「我」就像是海中的波浪，通過念誦「南無阿彌陀佛」六字，將自身生命歸投於阿彌陀佛（無量光佛、無量壽佛，無量之意），達到轉生西方極樂世界的目的。

至於坐禪，是以身體力行的自我修練方式，也就是利用身體念佛；念佛，則是透過嘴的坐禪。以坐禪或念佛為代表方式，來破除封閉的內心狀態，並找到自我的本相後，就能安心地前往極樂世界。

十五、不要用腦袋思考，而是用心感受

「雖然當下置身於此岸（外殼緊閉的狀態），卻能看見彼岸的世界（開放具關聯性的狀態）」；抱著「雖然困難重重，一定能渡過這條河」的決心。只要欠缺這兩種心志，不管怎麼做都無法消除煩惱。

此岸與彼岸是佛教的比喻方式；此岸充滿痛苦，彼岸則是自由與安樂的世界，兩邊形成明顯對比。

此岸是極為奇特的世界，只要生在此岸之人，都會經歷孤獨、絕望、混亂、不幸、恐怖等過程，無法獲得自由。因深感人生不僅止於此，於是對於極大差異的彼岸，懷抱著理想景象的想法，就稱為「正見」。

分離、破碎、不安、苦惱等，在此岸都是理所當然的現象，因此正見就是具有關聯性、連結、寧靜、安樂等全新生存方式的景象。

如果欠缺這樣的景象，無論是言行舉止或思考，腦中就會產生計算利益得失的想法；無論在何處，都只會深化分離的狀態。因為對於自我與自我所擁有的事物抱持著執著，進而產生痛苦，或是想要營造一個對自我有利的狀態等，像這些被驅使著的衝動行為、帶有成見的意見等，會與自我劃上等號，便無法獲得擺脫束縛的自由。

然而，無論懷有多麼美好的人生景象，光只有這樣並無法讓人前進。如果心中無法湧現「讓自己的生存方式轉換成另一個方向」的強烈意志，便難以從此岸划船到彼岸。

下定決心，讓腦中懷抱著關聯性的景象，便能邁向人生的道路。盼望前往彼岸的意念，就是「正思」，但是正思無關頭腦思考，而是人的內心。

英文 mind 一詞在日文漢字中，都是寫成「心」，但在英文中可區別為 mind 與 heart，兩者的概念有微妙差異。

思考是由頭腦主導的模式，因此在日本我們常說 thinking mind，而不是 thinking heart，加上英文比較沒有這樣的形容方式，所以聽起來有些奇怪。

用日文來形容，mind 就是頭腦，heart 就是心。日本人常說「溫暖的心」，但如果用「溫暖的頭腦」來形容，聽起來似乎怪怪的。因此，即使是日文，思考還是有分成頭腦與心的兩種含意。

心所表現的方式不是思考，而是感受（feel）。

因此，正思的形式，不是「用頭腦思考」（thinking mind），而是「用心感受」（feeling heart）。

當然，光有一顆心，並無法改變實際存在於世上的事物。為了完美實現心中的願望，就需要一位如同經理人般的角色來輔助，利用思考這個最有效的方式來做事，這就是思考的職責。

因此，頭腦並不需要捨棄，而是需要發揮作用的一環。更重要的是，要實地感受箇中的差異。

從現在開始，我們要逐一重新檢視，以往自己不經意所說出的話，以及做過的事情，是否有導致人際分離的現象。

結果是，當我們聽見內心的聲音，促使自我改變，並有了「關聯性」後，就能透過當下的能力範圍，逐漸改變人生。

無論是言行舉止或思考，都可透過反向思考的方式，將原本用來自我防禦的事物，運用「關聯性」的方式轉換掉。如此一來，就能治癒在生活中以各種形式所冒出的分離症狀。

這是用頭腦思考也無法真實理解的事情，所以不妨先抱持著自己也能辦到的心態，著手進行比較有可能改變的事情。如果進展不順利，就仔細地思考解決問題的方式。如果沒有經歷這番艱辛的過程，一切便無法開始進行，人生也不會產生轉變。因此，我們必須有破釜沈舟的決心才行。

這麼一來就會發現，「哎呀！根本不用特別去努力尋求彼此之間的關聯性，原來一開始，我們就已經置身在其中。」原本一直認為遠在天邊且到處尋覓的事物，最後才發現原來近在眼前。

最後我們終於察覺到，原本已經有所關聯的人事物，卻是被自己破壞而分離，才會感到痛苦。

「關聯性」的真實感逐漸鮮明。如此一來，就算自己沒有積極努力去營造彼此之間的關聯性，自然而然也能處於關聯性之中，並過著更為輕鬆寫意的生活。

十六、

老是「要這樣、應該那樣」，當然讓人喘不過氣來

當我們在腦海中塞滿「正確答案」，並緊抓著答案不放時，心中就會產生沉重且停滯不前的無形阻礙。而且，如果沒有試著要改變自身的想法，便無法像流水般過著自在且川流不息的生活。

每個人或多或少都會遇到無法與他人好好相處，或是跟他人意見不合的情形。

造成糾葛與對立的原因，大多都是源自於「應該要怎樣做」、「禁止去做某些事」等等，也就是來自「擅自下結論」、「主觀性判斷」的心理。如果沒有上述的心理，就會與旁人同調，或是遭受他人操控，導致自我的存在感越來越小。為了避免如此，所以「應該要怎樣做」、「必須怎麼做」、「如果沒有這樣做，就會發生嚴重後果」等想法，都可說是自我強加的「束縛」。當束縛程度越來越大，就會發生「明明應該這樣做，卻事與願違」；因為和自我期待不符現實，所以才造成莫大的壓力。

例如，我們有時候會煩惱「上司不夠了解自己」，就是站在「上司應該要了解下屬才對」的基準來思考，在理想與現實之間產生偏差。

像是「上司不會聽取下屬的意見」等情形，都是「下屬必須服從上司」的主觀判斷所產生的爭執和齟齬。

無論是工作或人際關係，都是以「應該怎樣做」、「不應怎麼做」為前提；夫婦的相處之道，也是依據「應該怎樣做」、「不應怎麼做」的原則。我們在不知不覺中，被「應該怎樣做」、「不應怎麼做」所控制。因為深信這樣的「錯覺」，只要與他人有意見相左的地方，就會斷絕與對方的關聯性。

如果以「這件事應該這樣做」或「那件事不應該這樣做」的思想為基準過生活，就會衍生出「該怎麼做才好」或是「該怎麼做才是對的」，對任何事情都只能以「〇或X」的方式來思考，更會將自我的原則套用在他人身上，也就是主觀性地評斷他人。反之，我們也會藉由套用在他人身上的評斷框架，對自我做出評斷。

「思考」就是讓不存在於現實的事物，以宛如出現在現實中的方式現形，是人類相當不可思議的機能。此外，由於認為「我是個有用的人」，就會時常想對他人打上叉叉的評斷記號，因為自己覺得旁人都是「沒有用」的人。

若要探討「應該怎樣做」、「不應怎麼做」的根源，相信大多是來自於父母的管教，或是學校老師的訓斥，這是我們從小到大養成必須遵守生活規矩的習慣。

因為各種外在的因素，我們從小時候開始，就被灌輸如固體般牢不可破的理念，並受到嚴格的管教，但是這其中的真偽，令人懷疑。

「應該怎樣做」、「先怎麼做比較好」、「如果沒這樣做，就會發生嚴重後果」等主觀判斷，是把真實的自我關進框架中，一種不自由的幻想。

由於無法察覺這判斷只是幻想，進而受到幻想的操控，極力想要向自己與旁人證實，自己是對社會有用之人，於是一心一意地努力，不想輸給任何人。

或者，對於他人行為而感到厭惡的部分，也是屬於自我壓抑的部分。明明同事還有尚未完成的工作，卻常常混水摸魚找機會休息，或是跟別人聊天，對此感到不高興，但其實是「羨慕別人能若無其事地做出自己無法做出的事情」。

首先，我們要找出內心的無謂堅持。在每天的日常生活中，自己是在什麼樣的動機下求自我表現？首先要重新檢視自己的內心才行。

這時候終於會發現，日常的言語與行為，以及心中的想法，都是為了符合外在「應該怎樣做」、「不應怎麼做」的條列事項而做的種種努力。

如果有所覺悟，請抱著「也許真實情況並非如此」的懷疑態度，試著檢視自我人生的根基。站在相對的角度，來看待以自我為優先的事物，是件相當重要的事情。

人生並沒有既定的形式，無論過去或未來，生命在僅只一次的狀態裡，經由關聯性的景象所引導的身、口、意三業（身體行為、語言表現、心意作用），透過與各種日常狀況的密切交流中，得到新生。針對各種交流，將產生開放性且具創造性的迴響。如果發現你的人生樣貌有新的可能性，在心中就會逐漸浮現出以下的話語。

「不能做」會變成「去做也沒關係」。
「一定得做」會變成「不做也沒關係」。
當人們重整態度、看開一切後，就會發現人生變得輕鬆許多，並且能與他人保持良好關係。

十七、

鞠躬盡瘁地想要解決煩惱，反而遍體鱗傷

很多人總是努力地謀求幸福，但努力的當下如果是不幸福的，也是徒勞無功。如果努力的行為本身並無法讓人感到幸福，即使累積再多不幸福的努力，也沒有任何意義。

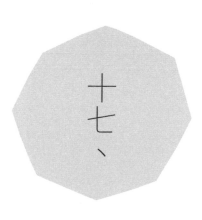

我們經常會遇到得看對方臉色行事的時候，尤其是在團體之中，相信有很多人都會在意旁人對自己的看法。

這就是將自我的存在，視為是獨立於「世界」之外的狀態。只要將「世界」當成是另一個地方，就會感到莫名的恐懼，擔心「如果被別人討厭，該怎麼辦」。

懷抱恐懼感的人，為了避免被同儕排擠，或是被他人當成無能或冷淡之人，就只能更加忍耐，努力讓自己成為「一位好人」。每天總是緊繃神經，只為了創造自我的良好形象。

如果人生只是想要獲得他人的認同，為了避免造成他人困擾，那麼即使遇到煩惱的事情，也無法求助他人，一切只能自己承擔。或者，為了博取他人的好感，就會全盤接受他人的請託；或是猛然地吞下「不要這麼做」、「希望能這樣做」等話語。

雖然，為他人盡心盡力、幫助別人、察言觀色、討好他人、討他人開心等，耗費一番工夫學會這些技巧後，就能成為一位「專業的好人」。但是這類以「他人為中心過生活」的人，欠缺所謂的 communication「溝通」能力。

英文溝通的字首 Co- 的原意，並不是只有從個人的角度出發的意思，而是涵蓋對方、互動的雙向關係；若無法勇於溝通，那麼所有行為都變成單向行為。

因此，抱持這樣的想法過生活的人，因為只有考慮到自己，所以總是期待他人的「回報」。對於自身所付出的努力與忍耐，內心總期盼著他人能「多加了解」或「讚揚自己」。因為自己所做的一切都是為了對方，而且有著「希望你能多認同我」、「希望你更加重視我」的欲求。

然而，人生並無法時時刻刻如人所願，這正是人生的實相。在人生的旅程中，總是會遇到「不願」了解我、「不願」讚揚我、「不願」重視我的人，因此而感到痛苦。很多人總是抱怨，「明明」對別人付出了那麼多，卻有憤世嫉俗之感，畏畏縮縮、焦躁不安，變成一位壞心眼的人。

當欲求與敵意相互連結，就難以切割了。雖然表面上裝作對他人有著開放且豁達的態度，但內心其實是自我封閉的狀態。表面上「宛如」過著有關聯性的生活，實際上並沒有與任何人連結。

所謂的「關聯性」、人與人之間的行為，並不是遇到任何事，都得刻意去追求關聯，而是在自然而然促使的狀態下所發生。在自我能力的範圍內，樂於與他人分享，抱持著開闊且輕鬆的心情，就能產生關聯。

如果使勁地促使人際關係（關聯）發生，反而會往分離的方向前進。若汲汲營營地貪求理想的結果，想要的這些結果反而會更加遠離自己。

即便世上萬物皆有關聯性，但也不是處於單一的世界。換句話說，存在於世界上的萬物，其「特性」在於皆能獲得重視與尊重，並產生關聯。

在萬物相互連結的世界中，唯有存在著能互相尊重與包容的自由，才能表現原本的「自我」。少了自由，便無法表現「自我」；少了自由，只能打著「好人」的名號表現自己。

這就是世界的真實情況，無論別人對於自己的行為抱持什麼樣的看法，我們都無法改變事實。

也許人際關係會變好，或是什麼都沒有改變，甚至是變得更差，世界上的任何事情我們只能任憑它的發生。即使每個人都曾經獲得他人的體貼對待，進而感到無比開心，但有時候應該也有覺得困擾的情況吧！因此，無論遇到何事情，如果都能以開放且豁達的態度面對，就能脫離經常評定他人的習慣。

對於他人的回應，我們不須做出任何評論，不用考慮結果好壞，也不用耿耿於懷。不妨以淡然的態度說：「這樣啊，原來如此！」坦然面對既定的事實與結果，從中學習。

無關成功或失敗，無論發生什麼事情，都是成長的原動力。因此，我們不用擔心若失敗後會產生什麼樣的後果，或是在做每件事的時候，都不勉強自己去追求成功的結果。如此一來，無論遇到什麼事情，都不會受到傷害。

因為沒有以自我為中心來懷抱期待，就不會擔心被別人背叛或感到沮喪，能接受既定的事實。

在具有關聯的人際網路中，彼此互不侵犯，共存在世界上。接受現實，以包容的態度過生活。在各位的人生領域當中，最重要的是以專屬於自己的生活方式，過著有意義的生活。

十八、在表述意見時，用「感覺是……」的語氣溝通也不錯

「尋求人與人之間的關聯性，想必是人際交往最為實際的方式！」有這種想法的人，就會往正確的方向邁進。相信在逐漸寬廣的前方道路上，真正的幸福正等著你。

就像是日文的自動詞與他動詞，在「分離」的框架中，話語也帶有分割與排除他人的能量。例如，自己明明在做一件對的事情，而且為別人付出那麼多了，卻覺得吃力不討好。事情在自己眼裡，似乎就是這樣的狀態，自己也當成事實來看待。然而，一切的真相是，這些都出於「自己是這樣覺得」。

人們想緊抓住某個事實不放，以英文來形容，都會用 **I think that**「我認為」的語氣來開頭。

然而，我們通常會忘記 **I think that** 的強硬語氣，只強調在 that 之後的事情上，認為「自己正在做對的事情，旁人要配合我做改變才行」。不過，此時旁人通常會產生「不對吧！你才要配合我們做改變」的想法，接著一定會有所辯駁。

如此一來，就會發生爭奪主導權的爭執，因為對方也忘記自己是用 **I think that**「我認為」的方式在思考。

話語會把我們「囚禁」，但如果想要獲釋，還是需要借助說話的力量。因此，我們要採取的方式，是「充分了解語言這個工具的性質，日常生活中在做溝通的時候，要避免誤入語言的陷阱」。

那麼，如果雙方都用「覺得是……」的語氣說話時，會有什麼樣的結果呢？

通常在做過溝通且彼此取得認同後，「真的嗎？這個想法截然不同耶！」的狀況就會產生。「明明處於同樣的狀況，我們思考的面向竟完全不同，真有意思。不妨陳述各自的理由吧！」等相互對等的方式就會出現。彼此不會陷入爭吵，而是以討論的形式進行互動。

所以，在表述時不要只顧著講 that 之後，自己認為怎樣的句子。千萬要記得，自己在跟別人講話的時候，終歸都是省略了 I think、I feel、I see 等「我如何如何」的開頭語。同時，也要讓對方留意到這個環節。

這舉動並不是要否定對方，而是用「我這麼覺得」、「你這麼認為」

表述時，一旦雙方的想法出現爭執、落差時，用英文類似 That's interesting. Let's talk about it. 的語氣就會好很多。這不是要爭論你我對錯，而是開始尋求共同的答案，也不是要與他人比輸贏，是往尋求共同答案的方向前進，讓待人處事更為順利。

我是這樣認為的：即使自己所想的，是千真萬確的事實，但這個事實不見得都會造成得不償失的結果。因此，當自己要詢問對方：「我的感覺是這樣，你覺得呢？」對方也許會回說：「這樣做，你不會怕有得不償失的結果嗎？」這時就有可能開始修正想法，改變 think 的內容。

當我們學會以這種形式來產生相互的作用後，就能改變對於他人的偏見。

即使對方站在對立的角度，與自我意見不合時，也不要單方面否定對方，或是說出有排除、斷絕關聯性的話語。我們要站在與自己、他人有著共同關聯性的方向，有耐心且努力地摸索合適的語言來溝通。

十九、沒有自信的人，每天都失魂落魄地裝醉

有著堅定存在感的「我」，並不是一個實體。歸根究底，身為「我」只是單純的感覺。自始至終，就是類似的感覺，並非實質性的存在。這是非常重要的觀念。

我想大多數人平凡地活在這世上，或多或少都會對於自己抱持著疑問，也就是對於自我有著不信任感。

相信世界上沒有比自己更了解自己的人，但不知為何總是無法認識真實的自我。因此，心中往往無法感到平靜，也難以敞開心胸親近自己。

換言之，就是「迷失真實自我」的狀態。

當人迷失真實的自我後，便無法對自己的現況感到放心與放鬆；外表看似是真實的自我，但其實只是倚賴著的虛假自我。

對於當下的自我無法感到滿足，但如果不做些什麼，日子似乎也撐不下去。不過很不巧地，這種虛假的人生態度，對於事情的結果沒有任何幫助，充其量只是一時的權宜之計。

不僅如此，越是倚賴虛假的自我，便無法相信現實中的自我。

很多人都沒有察覺到這點，渾渾噩噩的過日子。不安的情緒或焦躁感逐漸增長，並屢次驅使我們去做各種排解心頭鬱悶的行動，好讓自己成為一位更有用的人。

然而，不管如何努力，都只是「無謂掙扎」的狀態。

就像是「失魂落魄的醉漢」，喝下過量對自我不信任的烈酒，變成酩酊大醉的狀態，沒有自信的人「失魂落魄」且恍恍惚惚地活在世上。

「想要這樣做，想要那樣做」，從自身的外部到處尋找有利的事物；或是因為「沒有這個，也沒有那個」而感到焦慮，所以想要獲得比別人更為強大的力量或本領等。所謂的自信，並不是上面的條件所營造的特殊心理狀態。我們沒有必要以這樣的思維去揑造自信。

「自信」並不是憑藉外界的事物來「產生」，而是發自自我的「存在價值」。

自我存在是獨一無二的，不用感到懷疑，當心靈感到平靜與放鬆後，就能朝氣蓬勃地發揮本相的價值，過著充實的生活，這就是人生的「態度」。

當我們終於發現自己從未察覺到的潛力和事實，並將出色的自我隱藏在每個人的內面，就能散發無窮無盡的光輝。佛家將此稱之為「佛性」，而且每個人都有平等獲得佛性的權利。

自然而然地綻放與生俱來的「光輝」，並發揮光輝的真正價值，相信任何人都有這樣的能力。

然而，因為沒有留意到自我已經成熟發展的「光輝」，所以對於自我的現狀感到不滿，反而認為追求未來預設的自我，是一件更有價值的事情，這就是社會大眾的想法。

因此，若時常為了追尋「現在自己所欠缺的事物」而生存，原本成熟發展的光輝就會回歸到封藏狀態，這就等同於沒有存在的狀態。

由於內心的光輝沒有開放性的發展，就只能靠尋求外界的事物來讓自我發光發熱，還會不斷地追求能作為評斷標準的自我存在價值。「我能做些什麼？能擁有什麼？」沒有自信的人只能憑藉這些價值觀與他人一決勝負。

我們首先要做到的是「不為」（脫離編造的行為）的境界，不去憑空想像或編造。懷抱特定意圖去做不該做的事情，然後期盼能產生預期中的變化；只要不這麼做，回歸人的本質，沉靜心靈後，就能恢復自信。

我們總是抱著不信任感，認為自己若不做些什麼，也就是不去掌控所有事物，就不會發生任何好事。或是，總認為壞事會降臨在自己的身上。人總是有強迫觀念，認為自己必須要掌握好主控權，因此很難拋棄的自身的控制慾望，順應自然。也就是說，很難以輕鬆的心態放下一切。

然而，真的是這樣嗎？如果要確認這樣的不信任感是否有根據，不妨試著放下控制慾並順應自然，耐心觀察放下之後會產生什麼樣的結果。懷抱勇氣付諸力行的行為，就是坐禪。

容許自己剝除一切，保持心靈平靜的狀態，即使找不到能讓人感到寬心的事情，也能處之泰然，這就是坐禪的實際體驗。

第 2 章

開發自我

二十、

一邊期待能獲得好結果，一邊犧牲奉獻，反而會累積不滿

道元禪師曾說：「發心不正，萬行皆空。」如果原本願求無上菩提的成佛之心，產生偏差，無論做再多善事，從長遠來看，修行依舊會停滯不前，無法圓滿順利。

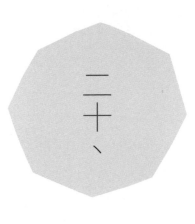

各位有聽過「種善因，結善果」這句話嗎？也就是說，良善的原因，就會產生良善的結果。

根據心靈啟發或是自我勵志類型的書籍內容所言，這句話就類似「只要多做善事，就能迎接美好的未來」的意思。「種善因，結善果」的道理，看似能運用在無數的領域。不過，如果做善事的背後是「透過某些行為去取得回報」，抱持著私心與企圖，那麼即使表現出崇高的形象，整條人生道路必然會錯誤百出。各位一定要引以為鑑。

例如，講經的和尚經常提到「菩提薩埵四攝法」的四大菩薩修行之道；包括「布施」、「愛語」、「利行」、「同事」。

布施就是不貪的境界，能以一己之力幫助他人。

愛語是懷抱溫暖之心，廣傳善法善行。

利行是能夠承受他人的遭遇，以人飢為己飢、以人溺為己溺。

同事是能站在對方的角度，懷抱同理心，貼近對方。

聽到四攝法，大多數人會認為「這是勸人向善的講經」；正是因為要符合外界「既定的思考或說話方式」，人們會下意識地透過談話、行為努力迎合他人，所以不能光從道德主義的層面來加以理解。

如果有著「我正在做善事」的心理層面，那麼個人行為與內心將產生偏離。

帶有溫柔的眼神與人相處、對他人說出親切或體貼的話語、帶頭去做別人討厭做的事情、關心對方的狀況、保持謙虛之心，或是向他人傳達「謝謝」、「託您的福」等，有著這類感謝之意時，我們就會順從內心的聲音，察覺到「原來行善的本質，並不是虛假的」。如果對於生活總是無法感到滿足，或是總是表現出心不甘情不願的態度，這樣就無法長久度過人生，人生不管怎樣做都無濟於事。

在自我心中湧現「想要這麼做」的情緒，我們的內心會因為情緒的驅使，不自覺地付諸行動。如果少了以上的前提，就會變成強迫式行為，經常覺得「還要更加努力才行」，進而陷入泥沼之中。

「提高名聲地位」、「創造旁人對自己的良好印象」、「自己能遇到好事情」等，都是抱持著想要謀取利益，想要取得對自己有利的事物，或是想要獲得滿足等其他的人生目標而去做；這就很像是「無形的人生待辦事項」。

為了向旁人誇耀自己做了多少善事，拚命地追名逐利，這樣的行為和人與人之間的「關聯性」無法吻合。

當然，透過這些努力，也許能讓自己成為「有用的人」，但如果是為了滿足這類過度的願望、希望、欲求，進而刻意做出「善於照顧他人」或「善於安慰人」的行為，這樣倒不如不要做比較好。因為此舉會產生自掘墳墓的結果。

以某種形式，在不知不覺中成為不滿或對立的元凶，強逼他人表達感謝之意，反而會築起自我與他人之間的圍籬。

剛才提到的菩提薩埵四攝法，則帶有完全相反的向量。「所有事物都有關聯」的景象，必須與日常行為相互結合。

讓「所有事物都有關聯」的行為，並不是為了自己，而是為了稍微舒緩存在於周圍的各種分離型態。即使只有帶來些微的作用，但因為懷抱慈悲之心，所以我們才能隨時思考該如何幫助他人。

因此，世上所有一切，並不是他人之事，而是與自身息息相關。一切的出發點並不是「我」，而是以「我們」為問題意識，開始產生行動。

將自己所擁有的獨特事物，分享給他人，對社會有所貢獻，這是我們需要努力的人生方向。就像是自我擁有豐足的事物，滿溢到外頭的感覺。

在這樣的良性循環下，無須強求，相信人生所必備的事物就會自然降臨。

二二、人就像是太陽，能百分之百奉獻社會

我們並不孤立，是彼此有關聯並往前而去，開發自我的入口無所不在。無論置身於何處，都能找到入口，那裡隨時敞開大門。然而，如果是在他人的勸說下，才被動地採取行動，這樣的態度並不可取。能否進入，端看自己的態度決定。

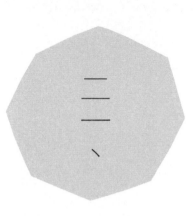

在「所有事物都有關聯」中生存的人，帶有「慈悲喜捨」的感情。「慈」是帶給他人快樂；「悲」是斷絕痛苦之意，也就是「拔苦與樂」。「喜」是將他人之喜當成自身之喜；「捨」是保持一顆平靜的心。

相較之下，在分離的景象中生存的人，少了「慈」的感情，充滿眷戀或執著；少了「悲」的感情，充憐憫或絕望。少了「喜」的感情，充滿比較或嫉妒；少了「捨」的感情，帶有冷漠不在乎的態度。兩者雖然有相似之處，本質卻完全不同。

這裡的重點是，為何人會有「捨」的感情呢？

在分離的景象中生存的人，所有的行為都充滿主觀性。如果這麼做，就會獲得他人的認同，或是會取悅他人等，所有的行為都是以計算利益得失為前提。即使對於他人抱持同情的心理，就某種含意而言，也就是將自己視為上位的心態。

為了尋求他人的回報或報酬，經常感到憂喜交錯。但是在「所有事物都有關聯」中生存的人，並不會依賴主觀性來做反應，我認為這就是「主體性的人生觀」。

我們並不需要刻意去做取悅他人的行為，一切的行為都是發自內心，這就是憑藉著活絡的主體性所做出的行動。

就像是太陽燃燒釋放出能量，將自我的生命奉獻給他人，是對社會有所貢獻的生存方式。

所謂的燃燒，因為是消耗自身的燃料，終究會迎接死亡。然而，太陽並沒有感到畏懼，或是刻意節省釋放的能量。它毫無任何猶豫，只是專注地燃燒自己。

不把「捨」當成是自我犧牲，而是以淡定的態度，充滿歡喜地全力燃燒。

透過太陽的能量，地球誕生新生命，孕育世上萬物。無論是好或壞的事物，都能沐浴在溫暖的光線下，這就是太陽所帶來的喜悅。

如同太陽完全燃燒自我的生存方式，在禪語稱為「大機大用」。

不是用以自我為中心的小事為出發點，而是在廣闊的故事中，扮演無可取代、獨一無二的角色。

當下所扮演的角色，就像是大海中的單一波浪，在自己的能力範圍內，全力完成重責大任。

無論在什麼樣的處境下，因為都能坦然面對，即使自身沒有採取積極性的行動，也能自由地應對各種狀況。

對於自己以外的他人，都能憑藉一己之力有所貢獻，為了幫助需要自己提供援助的他人，隨時都有餘裕伸出援手。

這麼一來，你的行為就會從內心自然湧現強烈的動力，致力於自己應盡的義務，超脫個人喜好與得失，無礙地發揮良好的作用。

以喜悅、慈悲、體貼的方式展現「真實的自我」，並不是與他人競爭或追求權力，而是自然而然的行為表現。

以太陽來比喻人類的生存方式，各位聽起來可能會覺得有些違背現實，不知道該如何付諸實行，但其實做起來並不困難。在理所當然的日常生活中，這些你都能付諸實行。

抱持有「關聯性」的人生景象，而非「分離」的景象過生活，相信人生就有無限大的入口等著我們。無論置身於何處，大門永遠敞開著。

在路上，如果遇到有人需要幫助，就犧牲些許的時間給予協助，我們可以從這些微不足道的小事開始做起。

森林的範圍涵蓋林下、地底到林上，分為各種植物層，其中共存的生物，種類多到之豐富，令人驚嘆不已。這當中如果缺乏其中一種要素，便無法構成森林，就像是曼荼羅的概念。

每個人都有各自的容身之處，在此與整個社會產生關聯，也如同太陽般散發源源不絕的生命力。

即使是微不足道的小事，都能讓世界變得更為美好。憑藉每個人的小小力量，就可以實現理想中的世界。

一沙一世界，一花一天堂。只要小小的花朵綻放，就能誕生全新的世界。

第三章

CHAPTER 3

深呼吸，冷靜思考

讓心回歸正念

二十一、世俗流行的正念療法，無法讓心靈獲得真正的放鬆

下意識地想要達成某種目的，並主張用各種方式來加以實踐，並以「自力自調」為前提，英文為mindfulness的正念療法，其本質與佛教的正念療法完全不同。不同之處主要在於本質，而非正念療法的優劣。

「正念療法」英文稱 mindfulness，是普及於美國的認知行為療法，近年來也有許多日本雜誌特地刊登特集，讓越來越多人認識到正念療法。

所謂的正念療法，就是「當下，對於自我內心與外界所發生的事情，都不需要帶有任何價值判斷，只要順應自然。專注於真實的姿態，正視當下與覺察」。也就是，將注意力放在自身內部或外部所發生的事情，同時透過一些方法訓練自己抱持積極面對的態度，並接納內心的狀態，就是正念療法的概念。

相信很多人都知道，正念療法源自於佛教的冥想，並以正念療法之名，獨立普及於社會。但與其如此，不如說，只要提出科學性的見解，就能證實正念療法的正當性。像是，正念療法能讓心情恢復平靜、有效抗壓、提高集中力、增加生產力等，根本不用刻意提到與佛教的淵源。

脫離佛教淵源而獨立發展的正念療法，我稱為：世俗性的正念療法。

世俗性的正念療法，主要思想為「為了讓自己能在這個世界過得更好的必備技術」。就像是，把自己視為單點，並調整自己與其他點之間的關係，讓點對點之間的相處更為融洽，或是能更完美地處理自我所面臨的問題；也就是改善與強化身為點的「我」之具體方法。

無論如何，其原理是：首先會有一顆無法感受到正念的心，並引發各式各樣的問題；因為事態嚴重，便開始編造巧妙的方法，讓心開始轉為正念。如此一來就能避免發生問題，值得慶幸。

像這類具有分離性的個人想法，以及強烈自我意識的思考方法，就是支撐在「世俗性正念療法」背後的要素。

強化自我意識的正念療法，即使「似乎」能帶來一定的效果，進而廣受歡迎，但已經違背正念療法的本意。佛教的正念療法，是對自我的認識，用來拆解「以為自己是孤獨的單點」之的機制。

就像是任何物體都有緊密的線條或輪廓，但若透過高解析度的顯微鏡加以檢視，就會發現其輪廓充滿縫隙。原本被我們當成輪廓交界處的地方，實際上有著細微的震動、是開啟的狀態。因此，正念療法就是用來觀察內部經驗的高解析度觀測裝置。

以這個開放性的個人實相為前提，人們真正的問題不是來自於外界，而是自我本身，這才是所謂的洞察。

雖然都是「正念療法」，但由於目標不同，即一個是拆解自我，一個是發現真正的自我，所以世俗性的正念療法與佛教的正念療法，兩者走的是完全不同的方向。

二三、

苦悶是因為「痛苦×抵抗」，幸福則是「快感÷執著」

當各種事物匯聚在一起時，我們往往無法區別事物的好壞，會不分青紅皂白地把所有事物混在一起。這樣的見解過於隨便，有欠周延。只要學會用更細微的眼光看待事物，相信就能區分事物的本質與好壞。

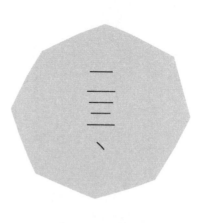

我先前提到，正念療法是「當下所發生的經驗，不受到任何價值判斷的影響，順應自然，專注於真實的姿態」。我們的眼光原本只能看見粗略的層面，但透過佛教正念療法的輔助，無論是空間上的或時間上的難題，都能用高解析度的視角來觀察，這是我的想法。

對於外界百般瞎猜之事，以及心不在焉而忽略的事情，都要用更為謹慎、仔細、周全的態度「如實地觀察」。暫時停止錯誤的行為，找到全新的出口之後重新出發。正念療法，能讓我們隨時保持清醒的狀態。

只要提高空間上的解析度，苦悶的經驗就不再只是痛苦，此時和痛苦相對的，稱作抵抗，兩者構成另一大要素：「**苦悶＝痛苦 × 抵抗**」。

無論是生理上的痛苦，或是心理上的痛苦，對於只能伴隨著 dukkha 狀態（巴利語，為「苦」之意，也有無法盡如人意之意），過著無常人生的我們而言，這是無法避免的事實。由於所有事物都是在無數的條件下相互影響而產生，自己無法掌控一切，加上自己也是世上萬物的一部分，所以人們只能承受一切後果，最後往往造成莫大的痛苦。

不過，苦悶必定帶有痛苦，以及與痛苦不同成分的抵抗，兩者相伴而來。當我們遭遇痛苦時，心理會產生相對作用與反應，因此產生抵抗。

舉例來說，人在抗拒痛苦時，身體會產生緊張的反應，或是表達「我為什麼會過得如此悽慘？」「都是那傢伙的錯！」等心理性的否定態度。

光只有痛苦，並無法造成苦悶，越和痛苦抵抗，痛苦就會加倍增長。因此，苦悶並不是痛苦與抵抗相加所造成，而是相乘後的結果。

假使現在產生十個痛苦，只要抵抗為一，兩者造成的苦悶就為十。雖有痛苦的感受，並不算太嚴重。但是，如果抵抗為十，就會產生一百的苦悶。

唯有透過空間上的高解析度說明，才能明確地區別痛苦與抵抗。只要能明確地區別，就能承受痛苦，減少抵抗，並選擇合適的應對方法。

此外，我們通常會將舒服、愉快和暢快的快感視為是幸福的一種，並將兩者做連結。不過，只要透過提高解析度來觀察，就會找出另一個執著的因素。也就是說，「**幸福＝快感 ÷ 執著**」。

當我們獲得快感後，就會立刻產生「想要獲得更多」、「希望能長久持續下去」的想法。然而，「想要更多」就是代表「欠缺了什麼」的意思，內心其實會擔心，快感會不會不斷減少。

只要越執著於「想要更多」，注意力就會從獲得快感的狀態偏移；好不容易獲得了快感，但幸福感卻因此大打折扣。因此，幸福的方程式就是除法。

當辨別的解析度低落到無法區分快感與執著時，就會發生事與願違的結果。

人只要越執著，幸福就會越來越少，這樣的過程只能用愚昧來形容。

在這兩個方程式中，幸福與苦悶是方程式的結果。我們並無法直接追求結果，必須經過痛苦與抵抗、快感與執著的過程，才懂得計算出幸福與苦悶的結果。此外，只要生為人，都必須經歷快感與痛苦的過程，即使是佛陀，也沒有例外。

不過，執著或抵抗都是當事人的反應模式，提高或降低這個算式結果的責任在於自己。當然，透過學習和應對的方式能加以改變。接下來，就是提高時間上解析度的原理。

所謂時間上的解析度，簡單來說就是提高觀察經驗的動態視覺敏銳度。痛苦的到來會伴隨產生抵抗，快感的到來則會伴隨產生執著，如果動態視覺敏銳度降低，就會將這兩件事看成一件事。

於是，人會以無法挽回的形式，自動性地產生習慣性的反應。當回過神來，就會察覺事態已經發生。

然而，如果能提高動態視覺敏銳度，就可以判斷出痛苦或快感會造成抵抗或執著的反應，也得以有充裕的時間在兩件事中找出全新的選項。

那就是，果斷地放下痛苦或快感的狀態。

首先要接受的事實是，雖然當下處於不甚理想的境遇，卻依舊能泰然處之，並思考其中能讓人感到幸福的事情。

一言以蔽之，減少抵抗或執著，就是盡可能接受痛苦或快感這兩件事。理所當然的，這樣做並無法讓痛苦或快感完全消失，但可以藉由自身的心境，逐漸去改變體驗痛苦或快感的過程，這就是方程式背後的意義。

很多人應該都難以相信，不採取任何行動和作為，就能大幅改變事態的發展。但各位千萬要記住這點！通常，最容易阻礙事態變化的因素，就是自己想要改變一切所付出的努力。

所謂放下痛苦或快感，並不是要逃離類似的狀況，而是要避免在該狀況與自我之間，豎立無形的一道牆。

在大多數的情況下，人們「積極性」的行動往往會築起一道高聳的圍牆，讓自己無法看清外界的狀況，甚至沒有發現到：自己並不是解決問題的一部分，而是造成問題的一部分。

二四、

試著在心中，放入一個個誠懇的念頭或動機

就算以「人生充滿正念」為理想，不顧一切地向前衝，你仍會站在重複過往錯誤的延長線上做努力。其實人生最重要的，是要試著去思考「自己到底是為了什麼而努力？」

正念療法的原意為「念」（巴利語 sati），是起源於上座部佛教的英語翻譯。

「念」又稱為「念根」、「繫念」，為「銘記在心」的意思，具有強烈的「記憶」要素。

所以說，現在無法與過去斷絕關聯，但倒不如說，可將過去當成與現在連結的要素。

然而，在時下大受歡迎，並結合冥想或瑜伽的正念療法，似乎過度強調「不需要夾帶判斷，只要專注於當下」的思考，這樣做只是強調了欠缺真實感的「當下」。

也就是說，我認為這失去了「念」原有的豐富意涵。因為在做每一件事的時候，都要謹記「自己是在什麼樣的動機下行動，或是思考自己是抱持什麼樣的想法而行動」，這才是正念療法的一大重要面向。在學習正念療法時，一定要秉持以上的原則。

街坊巷弄所稱之的正念療法，由於已經建立一套過度的法則，一般人在學習正念療法時，往往只能依照正念療法的制式、標準流程來實行，實際上並沒有貫徹正念療法的精髓。

例如，為了持續「專注保持當下的呼吸節奏」，就必須將這個原則記在腦海中。

如果發現自己正失去專注的呼吸節奏，就會察覺到「啊！現在的呼吸不太對。原來如此，因為自己有意識到要集中呼吸，所以必須把專注力放在呼吸才行。」像這樣沒有啟動到和內心相關的思考，便無法實踐正確的正念療法。

為了讓「活在當下」成為持續性的可能行為，首先，要把它視為是自身的課題加以實踐，銘記在心，並時常回想，所以啟動記憶的作用是不可或缺的要素。

實踐正念療法的前提，就是記住自己正在貫徹正念療法的動機，時時刻刻提醒自己不可忘卻。

無論是做料理或打掃家裡，都得先確認「我從現在開始要做這些事情，因為做這些事情具有某些意義」，確認任何事情的動機的那顆心，是非常重要的環節。

如果沒有懷抱誠摯的心去實踐正念療法，只有表面形式上的相應結合，體驗到的含意會截然不同。

就算花費心思與大量時間做料理給伴侶或孩子吃，若不是發自內心的自願行為，追根究底，就只是單純在替他人「煮飯」而已。

二五、「不做」，會比「去做」更好

不要過度思考事情的成果或效率，做任何事情前都要撇開找理由的心態。建議先小歇片刻吧！停下因惰性而搖擺的心態，將生活分成數個段落，重新出發。學會過「片段生活」的習慣，是非常重要的事。

為了有所作為，持續地費心操勞，還毫不厭煩地沿襲已經不適用於社會的法則。無論是個人或組織層面，都經常看到這般景象。只要置之不理，人類就會透過行動或思考，持續啟動日常生活中相當熟悉的自動操控模式，這是人的行為傾向。

對於到現在仍置之不理的行為模式，或是在無自覺狀態下所產生的反應，不妨劃下休止符，先暫停一下。暫停，雖然一開始會感到恐懼，但抱持勇於停止的態度，內心就能獲得莫大的衝擊。因為自己能勇於嘗試以往所沒有做過的事情，影響之深，令人驚奇。如同俗話說的「置之死地而後生」；就像在游泳的時候，因為害怕溺水而緊繃身體，反而會沉到水裡；如果反其道而行，放鬆全身交由水流控制身體，很不可思議地，就能藉由自然的浮力，讓身體浮在水面上。

暫停，劃下的休止符，就是在實行某種行為前，先停下來略微休息。它只是讓你暫時休息的意思，在隨時還是能站起、重新出發的前提下，此舉也是為了「再生」所下的暫停指令。

撥算盤也是同樣的道理；在判讀所要計算的數字之前，通常都有歸零的習慣。也就是在計算之前，會先把珠子歸位，從零開始計算。如果覺得歸零的動作很麻煩，沒有確實做好做到，而讓算珠處於之前計算好的位置上，那麼無論之後再怎麼正確地操作算盤，也絕對無法算出正確的數字。所以，要開啟一段新的事項時，還是得暫時回到歸零狀態，才能重新計算。

所以，即使被忙碌的生活壓得喘不過氣，就算只有短暫片刻，還是要告個段落稍事休息。暫時停下眼前的待辦事項，調整姿勢，呼吸三口氣，做出比平常更長、更慢的呼吸，緩緩地吐氣、吸氣。不需用到一分鐘的時間，就能做完和緩的呼吸。

或者，你可以打赤腳，以接地氣的方式，伸展全身，利用身體力量打一個大大的呵欠。只要稍微暫停、重新開始，無論是身體感到疲憊，或是陷入困境的時候，這麼做就能重新取得生活的主導權。

不被忙碌的生活所擺佈，就能成為善用時間的主人。

還要暫時斷絕慾望、不捨、可憐、憎恨等各類情感的釋放。用一口氣的時間，試圖打破以往重蹈覆轍的行為模式，這是相當重要的一環。

當人在重新思考「如果那個時候能這樣做就好了」，心中感到搖擺不定的時候，就是受到了內心的雜音所干擾，無法看清原本能看透的事物。因此，無論如何，都要讓自己稍微喘口氣、暫停一下。當內心受到驅使想要去做某些事情的時候，就宛如在火上澆油，容易引火自焚。這種經驗，透過身體的反應來加以實踐，反而是更為理想的方式。

要先了解到，無論遇到什麼樣的煩惱，其實都可以採取不做、暫停的方式。如此並不是要你直接放棄，而是一旦重新面對煩惱，或是當某些事物突然從外界降臨，我們要能打破過往慣性的故事發展，找到可以改變煩惱來源的局勢、姿態的可能性。

人若能試著去做過往所不敢嘗試的事情，相信就會開始產生轉變。

二六、即使滿腔怒火，也要找出「恢復平靜」的方法

別在還不了解真相的狀態下，就直接認為否定負面情緒不好。不妨，以認真的心態去面對，就會慢慢發現到，其實你沒必要去勉強自己去做某些事情。當下斷然地放下，也是一件好事。

我在美國麻薩諸塞州的某間小小坐禪堂中，擔任講師達十七年半的時間，曾指導學員坐禪的要領。有些外國人會直接對我述說煩惱，例如「我對自己易怒的個性感到困擾」、「為了避免破壞人際關係，該如何抑制內心的憤怒情緒」等等。

所謂的憤怒，就是夾雜思考與情感的能量，一瞬間湧上心頭的狀態，雖然一再告訴自己「絕對不能生氣，不要隨便動怒」，但最後還是會發怒。因為若不發怒，就只是在壓抑自己。

人只要試圖想單方面控制自我，身體一定會產生抗拒效應，這違背了自然法則。

單方面否定憤怒這件事，既不是破壞憤怒，也不是把憤怒忽視掉。雖然這麼說，但你如果沒有被憤怒吞噬而迷失自我，學習能用更聰明的方式來排解內心的情緒，便能確實降低發怒的機率。

在現實生活的職場中，雖然很討厭那些喜歡批評他人的麻煩同事，但因為每天都得相處，長時間下來的確會累積許多壓力。

雖然無法裝作若無其事，但相信很多人的行為模式，就是只要感到不悅的時候，往往就會直接、反射性地頂撞回去。不過在這種時候，建議不妨先下意識地深呼吸。選擇全新的做法，在一眨眼的時間裡，就能斷絕心中湧現的怒火。要消除心中的怒火，這個「初期滅火法」是極為有效的方式。

只要稍有不悅的情緒，就要想起「初期滅火法」：立刻做深呼吸，劃下暫停的休止符，保持內心的平靜。之後你就會發現，我們表達情緒的方式，不是只有發怒的單一形式，而是有各種選項。只要劃下休止符，我們就不會受到感情所驅使，而是成為控制感情的主人。

另外，就像是山腳下明明在打雷，但山頂卻依舊能看見藍天。我們可以透過身體學習、體會到，真實的自我存在，往往是比「思考」或「感情」更為廣大。每當憤怒湧上心頭時，就可以察覺到「在我的心中正產生著憤怒的感情」。

「我正在發怒」的狀態，其實就是將自我與憤怒畫上等號，這舉動會讓人感到焦慮不安。因此，不要被內心的情緒所牽動，利用正視心中的情緒，來感受「原來在我心中的一部分，正產生憤怒的狀態」，藉此磨練冷靜觀察心理反應的技術。

如此一來，我們就能以豁達的心胸包容自己所面臨的事情，不會像過往般反射性地產生憤怒反應，也能開始從容應對所有事情。

即使內心怒火中燒，但自我的存在更為廣大，如果可以用宏觀的角度看待事物，就能放心地發洩情緒，並逐漸放下執著。即使憤怒依舊存在，但我們還是能用寬大的心胸認為「其實沒什麼大不了的」，這樣就會讓憤怒失去上場的機會，不滿也會慢慢從心中消失。

二七、就算想要好好管理壓力，也只會身心俱疲

相信有很多人並沒有想這麼多，只是想好好努力過生活。但在多數的場合，這樣的努力方式具有極高的風險。努力不但無法解決問題，有時反而會留下難以收拾的殘局。

「娑婆」源自於梵文的saha，意指「堪忍、能忍、忍土的世界」。

在早期的社會，人類主要的壓力來源為天災、飢荒、戰爭等現象，但在現代社會，人們的壓力則有別於顯而易見的肉體性壓力。就像是拿棉絲線勒住脖子一般，現代人的壓力是從表面難以看出的精神性壓力，這類的壓力日漸增多。

當我們感到莫大的壓力時，就會想要尋找消除壓力的管道，例如「忘掉」或「忽視」等迴避壓力的方法。

藉由喝酒或是埋首於工作中，都是排解壓力的方法。也就是透過沉溺於某件事，藉此忘卻壓力，或是當作沒有發生這件事一般，選擇忽視壓力，轉移視線。然而，畢竟壓力的來源確實存在，如果選擇忽視以對，總有一天還是會爆發更嚴重的問題。

此外，有的人也採取「破壞」的方式，想要快速地克服造成壓力的原因，並試圖消除壓力。可是這樣並沒有好好地面對壓力本身，也無法真正解決問題。此外，同樣的問題還會反覆發生。

其實壓力的背後，都是因為自身的思維模式，造成多餘的壓力，如果沒有認清這點，便難以解決問題。

例如，擁有地位、財富、家人，卻還是感覺欠缺什麼；每天煩惱「我明明過得這麼辛苦，為何無法獲得幸福？」造成壓力的原因，就是「自己」所做的一切，這些都是「為了自己」，想讓自己過得更好的緣故。

於是，你每天與他人談論的內容都是「自己只有獲得了這些」、「自己比某人擁有更多」等話題，即使再如何努力，如果沒有發現努力也有其極限，一切都是枉然。我們必須導正根本性的誤解才行。

這時候能採取的應變措施，就是暫時抑制一心想要適應外在環境的想法，暫停讓自己放棄去努力適應外在環境的行為，是極為重要的做法。

以我自身為例，當我感受到身心機能已經停歇，沒有動力去做任何事情的時候，就會忠實地順從身心的反應，讓自己不做任何事情，好好地休息。

我幾乎不吃東西，只喝水，然後躺在床上睡覺。不久之後，就會感受到體內某個元正素蠢蠢欲動著，感覺要從身體出來。這時候就會宛如重生般，重新站起來，再次面對日常生活。因此，我不會刻意去管理內心的壓力，這樣反而會累積更多的壓力。

感到疲憊時，唯一能做的事情就是休息。禪語曰：「饑來喫飯，困來即眠。」「人生本來就充滿壓力。」這是佛教的基本教義。禪宗認為，並沒有特別的方法，能有效管理心中的壓力。

當感到窮途末路、束手無策的時候，不要痛苦掙扎，直接躺下來睡個覺吧！還有，半調子的休息方式，並無法製造人生的轉機。

二八、

「當下，我正在這裡」，用平靜的心看待一切，就能恢復冷靜

對於現在已經無法改變的事實，感到猶豫不決；對於尚未預見的未來，感到莫名不安。各位是否都有類似的經驗呢？人們心中經常有煩惱，但那些明明是實際尚未發生的事，或是並不存在的事。

人類經常思考過去或未來的事情，真是不可思議的生物。然而，人總是忘記自己只是在「思考」，還將思考的事情當成真實發生，讓心情大受影響。光是想到未來，就會感到莫名期待，或是想起過去所發生的種種事情，便開始覺得憂鬱。

人的大腦並無法區分正在思考的事情，與實際發生的事情。然而，如果要讓大腦學習如何區分，其實跟正念療法有關。如果能區別「實際經驗」與「正在思考經驗」的狀態，對於心理健康的幫助會很大。

如果對於過去的事耿耿於懷，在現在的時間點，就會思考「那個時候，如果能這麼做就好了……」或是心想「接下來該怎麼辦呢？」「若能這樣做，未來應該會有更好的結果……」等，開始擔心未來。現在我正在思考，換成英文來形容，就是 Now I think that……。

雖然每個人都在意 that 之後的內容，但 that 的本質為一切，並不限定在現實的事物上，也就是思考內容的本身並沒有限制。思考是目前正在發生的行為，所以 think 一定會伴隨著 now 這個字，才能成為完整的句子。

更明確地說，這個句子的組成其實只有 Now I think，也就是：現在正在思考某件事，它是確實存在的事實。可是，「過去」和「未來」都只能存在於思考之中，而你卻讓它們成為現在正在思考的事情。也就是說，人會把注意力放在思考過去或未來，但到了明天，想法可能又會產生轉變。

這也就是「直接性接觸經驗」與「間接性接觸經驗」之間的差別。換言之，我們不能混淆了「經驗」和「思考經驗」的差異性，兩者看似相同，本質卻截然不同。

當經驗本身與思考經驗，兩者糾結在一起時，人就會變成思考的奴隸。最重要的關鍵就是，要讓自己從混淆中脫身。

抱著「間接性事物經驗」的態度看待人生，就會產生虛構性。換言之，會將實際存在的事物當成不存在，將不存在的事物當成存在，這些全部都是「我的故事」。因此，就會開始產生與生存相關的痛苦或煩惱。

另一方面，「直接性的事物經驗」，因為與真實性之間沒有偏差，不會產生虛構性。實際存在的事物實際存在，不存在的事物的確不存在，這時候就能開始能夠面對現實。

思考過的內容，以及正在思考的現在，大腦若能清楚地區分，人們就不會被過去與未來困住，得以開創專屬於自我的人生。即使你腦中正在思考過去或未來的事情，也不至於影響到日常生活。

二九、

無論是過度努力或過度懶散，思緒都會陷入混亂

尚未付諸努力卻想獲得幸福的人生，只能用自相矛盾來形容。對於人的生存而言，「努力」是求生存所不可或缺的部分，但是該如何精妙地替自身的努力「調音」，也是不可少的環節。

有一個佛教語叫做「精進」，簡單來說是指「正善的努力」。那麼，和精進相對的詞是什麼呢？

精進的相對詞就是懈怠，也就是缺乏努力。精進並非暫時性，而是持續性的行為，這點十分重要。但是，主要阻礙精進存在的，是懈怠。

例如，為了讓自己變成一個更好的人，或是為了自我滿足，所以努力精進自我，這就是佛教所謂的「邪精進」。以佛教的觀點來看，這種「邪精進」之後也會陷入懈怠的狀態。因為這是「只顧著努力讓自己變好，卻忽略更為重要的環節」的方便。

此外，為了渺小自我所做的精進，也無法長久持續下去。因為在努力的途中一定會感到厭倦，最後變成機械性，欠缺灌注心思的例行事務。

佛教用語將這樣的狀態稱為「退屈」，也就是對於修行欠缺新鮮感（忘記初衷），精神委靡不振。這是修行時首要留意的重點，但在多數的場合，大多與自身的動機息息相關。

這時，不妨真誠地檢視自我，如果發現自己處於退屈的狀態，就必須重新審視自己是為了什麼而努力，或是找出努力的基礎。

來自腦中的精進，以及來自內心的精進，兩者的樣貌有所不同。前者是以控制（支配）來占極大優勢的努力，後者是以釋放（解放）為優勢的努力。就我的理解，佛教所指的精進，是以提升後者的品質為目標。

佛教經典中有這麼一段故事。

有位名叫二十億耳的尊者，他是佛陀的弟子。二十億耳身體瘦弱，但他每天不分晝夜地勤於修行，腳掌時常因摩擦而破皮流血。

二十億耳認為：「在世尊眾多弟子之中，我算是最勤於精進修行之人，可是至今還無法得到解脫，再這樣下去又有何用呢？我的家境富裕，倒不如還俗回家，用家中雄厚的財力布施積功德，藉此獲得福報，還來得受用些。」

佛陀得知二十億耳的想法後，對他說：

「二十億耳啊……你在出家前會彈琴吧？在彈琴的時候，如果琴弦調得太緊，就無法彈出好聽的音色；但如果琴弦調得太鬆，也無法彈出好聽的音色吧？」

二十億耳回答：「世尊，的確是這樣。」

「修行也是同樣的道理，就像是調得太緊的琴弦，如果過度精進修行，反而會讓人感到心神不寧，急躁不安。相反地，如果缺乏精進，就像調得太鬆的琴弦，會令人開始懈怠。因此，你要仔細看清修行的本質，仔細觀察一切事物，做適度的修行，不要以自我為中心。」

二十億耳聽從佛陀的教誨後，開始實行正確的精進修行，並獲得解脫。

從以上的例子可得知，所謂的精進，並不是胡亂且漫無目的地付諸努力，精妙地替自身的努力「調音」，是不可或缺的過程。不可過於怠惰，或是過度投入。

精進這個詞聽起來響亮，但我希望各位不要被關在狹窄的框架中，畢竟世上還是存在著各種「相」（樣貌）的精進。

怠惰者不懂得體驗真正的人生，往往浪費許多寶貴的時間。然而，如果過於投入在努力的過程，對自我的要求過於嚴格，也會破壞美好的人生。因此，最重要的是學習適度的精進修行。

所以，休息也是促進正向精進的一部分。如果人完全沒有休息，便無法持續走下去，這樣的人生是無法長久的。

在該休息的時候，就要好好地休息，這也是精進的一種。

例如，在生病的時候，不去看醫生，而是努力忍耐病痛，這樣並不能算是精進；身為病人，定期去看醫生，專心養病休息，才是真正的精進。有些事情並不是光靠努力就能克服，在生病的時候，就要去做養病的精進。

當身體進入睡眠相的狀態時，就老實地躺在床上睡覺，睡醒後就讓自己保持清醒。在清醒的期間，就會注意到身體或心理所產生的現象。

雖然在當病人的期間，身心無法處於舒服的狀態，但在沒有生病的狀態下，往往無法看清許多事情。

人在生病的時候，心中會顯現出比平常更為複雜的情緒，例如自我憐憫、哀怨、焦躁、絕望、不安、憤怒等，雖然有萬分不願意，還是得強迫自己去面對這樣情緒。

要如何將這些情緒轉變為精進的糧食呢？我想，生病就是讓自己獲得大幅成長的契機。

三十、坐禪是一種「釋放」，不是「獲取」

很多人認為，坐禪是抱持某種目的，實踐既定的方法，以進行自我控制的行為，但這是很大的誤解。我們絕對不能將坐禪的修習放在充滿人情世故的延長線上。

有很多人開始有坐禪的習慣，透過看電視或看書學習的方式，希望能養成「遇到任何事情都不動搖」的堅定心志，或是讓搖擺不定的心能感到平靜等。

由於坐禪涵蓋佛教的所有精粹之處，只要領會正確的坐禪方法，就能攝取生存所需的必要營養素，可謂益處良多。然而，我認為很多人對於坐禪的本質，依舊缺乏正確的認知。

最常見的誤解是「透過坐禪可以獲得開悟等特別體驗，或是特殊的心理狀態」。也有人認為，藉由坐禪的方式，可以讓自己與外界隔絕，以便深入自我的內心。

還有，得要忍耐痛苦或睡意，專心打坐；或是忍耐心中的難受，不能躁動。如此充滿偏差與錯誤的坐禪觀念，也衍生至商業或運動等領域，造成世人莫大的誤解。

運用特別的呼吸方法，讓心靈恢復平靜，或是舒緩壓力，不會輕易發怒等，很多人都是帶有特定的目的，以自我改善為目標，來實行坐禪。也就是說，在坐禪的時候，若目的、目標是以自我為優先，其實有很大的問題。

雖然同樣都是採坐姿來修習的方法，但為了讓自己成為優秀人士所實行的坐禪，或是在當下純粹放空所實行的坐禪，兩者的本質截然不同。

正因為容易受到誤解，對於坐禪的姿勢與要領，千萬不可敷衍了事！最重要的是擁有正確的坐禪觀念。很多人只是模仿坐禪的姿勢，並沒有領略坐禪的精髓。

所謂的坐禪，就是「坐姿＋歸零」的狀態。

保持原始狀態，沒有任何虛假。先採取坐姿，讓身心完全放鬆。不要做任何多餘的動作，例如刻意去計算身體的呼吸，或是把注意力放在呼吸時腹部的隆起與收縮狀態，不要有刻意的動作，而是遵從正確的姿勢，單純地打坐。

我們要把身心完全投入於「緣起」這個關聯性的網絡，以及大自然的自然作用。

這樣會產生什麼樣的效應呢？在沒有運用手、腳、嘴巴等器官的情況下，能暫時擱置日常生活中所產生的想法或情緒，讓身心達到最低限度的活動。

慢慢地減少日常的行為，而不是一味地增加；讓自己逐漸處於接近被動的狀態。

我們在日常生活中的意識，如果越接近被動的狀態，身體就會相反地呈現主動性。因此，在我們的意識之中，只要靜靜地注視身體的反應即可。在坐禪的期間，不管發生什麼事情，都可任由事態自然發展，身體不會因為個人因素而有干涉。我認為，這就是透過坐禪所體現最為具體且純粹的方式。

因此，在這樣的狀態下所產生的結果，就類似「身為證人所目睹的事情」，把日常的樣貌變成相對的狀態。只要貫徹實行，在坐禪過程中所目睹的景象，其實就是緩緩滲入日常生活或平時的意識中，所反映、對映出來的樣貌。

因此，坐禪的主體，並不是日常中的自己。日常中的自己，即使將身心完全投入於坐禪中，放任所有一切，也只是忠實地扮演消極的角色。這種坐禪雖然無法完全關閉身心開關，但仍可以在有別於日常的運作模式中，發揮遵從、運行的作用。

如果抱著先入為主的觀念或期待，期盼坐禪會替自己帶來某種效用，這是最不可取的態度。

以呼吸的方式為例，在坐禪時要保持自然的呼吸規律，不要刻意去計算呼吸，或是吐出長長的一口氣，也不要特別將注意力放在呼吸上。

感覺到自己已經忘記正在呼吸這件事，唯一要做的就是讓空氣從鼻子微微地自然進出，不要運用任何方法，把身體完全交給坐禪。

這不是「自己的」呼吸，而是「坐禪的」呼吸。

最後會發現，心理的壓力獲得舒緩，或是不會像以前一樣容易發怒，但這些都只是坐禪的附加作用。但如果把附加作用當作目的來實行坐禪，就會偏離坐禪的本質。

如果不能區分箇中差異，坐禪就會變成跟慢跑一樣疲累，無法區別真正的含意。

第四章

CHAPTER 4

別急著坐下

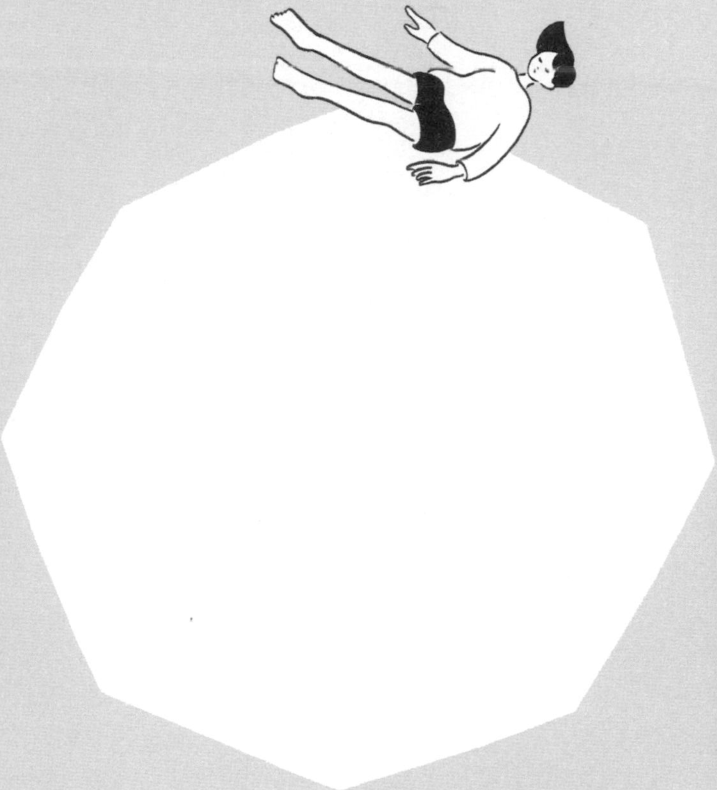

坐禪的基本方針

三、「蓋」會干擾坐禪正常進行

煩惱與坐禪，並不是相互對立、排斥的關係。坐禪的目的，並不是為了防止煩惱產生，或是消除正要產生的煩惱。在坐禪的過程中，會初次產生有煩惱的自覺，這才是坐禪的功德。

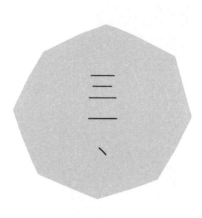

在剛開始接觸坐禪的時候，也許有很多人都是透過閱讀，或是從別人的經驗傳承，便開始感到憧憬，期待自己能毫不費力地達到「坐禪的境界」。

然而，在實際進行坐禪時，往往無法隨心所欲。明明自己沒有刻意去做的意圖，但不知為何在心中有種無形的力量，正在妨礙坐禪的進行。

這時候，你有可能會想起從前曾遭遇他人惡意的對待，而感到憤怒；或是沉溺於性幻想之中、想要打瞌睡，甚至懷疑坐禪的意義為何？覺得自己很愚蠢等，便開始陷入困境，發現自己實地進行坐禪後，似乎跟當初所想像的不太一樣。

總覺得自己已經喪失當初下定決心實行坐禪的動機與努力，在身心之中存在著壓倒心志的負面作用，這是進行坐禪時所無法避免的問題。

心理作用會阻礙坐禪正常進行，坐禪的深度如同阻隔的牆壁一般難以進入，這在佛教中被稱為「蓋」。「蓋」是煩惱的異名，主要分為五類，稱為「五蓋」。蓋就宛如無形的頂蓋，會覆蓋坐禪，遮蔽坐禪所開拓的光明世界，讓坐禪化為朦朧的狀態，失去光芒。就像是每個人都一定會抱持著煩惱，也是同樣的道理。

我們平常都不會注意到蓋對於人生所帶來的影響，或是完全沒有任何一絲察覺。但是，很不可思議地，在坐禪的時候，也就是想要改變以往反覆出現的慣性思維、行動或思考模式時，就一定會感受到蓋的存在。

我在第一次坐禪的時候也是如此，心中的煩惱會不斷地湧現，甚至有感到不舒服的程度。坐禪時，無法向他人訴說的各種妄想逐一浮現，是非常棘手的狀態。這時候，我終於發現到，自己仍是屬於擁有人類本性的人，並開始陷入極度失落的情緒。

因此，在進行坐禪的時候，一定要對於「蓋」有某種程度的理解。在坐禪的過程中，如果發生類似的狀況，該如何加以面對，也是十分重要的課題。

佛教所謂的五蓋，指的是貪圖感官性快樂（貪欲蓋）、懷有敵意與惡意（瞋恚*蓋）、怠惰和意志消沉（睡眠蓋）、興奮和心生煩惱（掉悔蓋）、懷疑（懷疑蓋）。

「貪欲蓋」與「瞋恚蓋」，都是「想要做某些事」的念頭，但兩者的方法相反。貪欲蓋是想要獲取某物的慾望，極力將外界事物拉往身邊的念頭；瞋恚蓋則是想要將事物推往遠處，也就是讓自己與外界疏遠。

「睡眠蓋」與「掉悔蓋」都與身體能量或活力的層面有關。睡眠蓋是能量過低的狀態；掉悔蓋則是能量過高產生躁動的狀態。

懷疑蓋經常與其他蓋一同出現，對於身心造成微妙的影響。

在說明五蓋的具體內容之前，我們要先了解五蓋對於心理所造成的影響。

* 「瞋恚」音ㄔㄣ　ㄏㄨㄟˋ。

以下要引用佛陀的比喻，來說明內心情感困於五蓋的狀態，以及獲得解脫的狀態。

「處於貪欲蓋的情感，就像是剛開始借錢從事生意的階段。如果能獲得解放，就有如生意成功後開始償還所有債務，還能用剩餘的財產養家活口，充滿喜悅與愉快的感覺。」

「處於瞋恚蓋的情感，就像是為生病所苦，飲食不合體質，體力衰退的狀態。如果能獲得解放，即可治癒疾病，當飲食逐漸適合自身的體質，便能恢復體力，充滿喜悅與愉快的感覺。」

「處於睡眠蓋的情感，就像是被關入監牢的感受。如果能獲得解放，就像是犯人出獄的狀態。人身安全，沒有造成財物損失，充滿喜悅與愉快的感覺。」

「處於掉悔蓋的情感，就像是奴隸一般，只能依靠他人，無法前往想去的地方。如果能獲得解放，就能獨立自主，不用依靠他人，自由地前往任何想去的地方，充滿喜悅與愉快的感覺。」

「處於懷疑蓋的情感，就像是擁有財富之人要進入、橫越貫串沙漠的道路。如果能獲得解放，就能平安無事地穿越沙漠，也不會失去財富，充滿喜悅與愉快的感覺。」

經過以上的說明，我想各位應該大致了解五蓋的主要特徵，接下來還要深入探討五蓋的詳細內容，藉此了解在坐禪的過程中，該如何面對內心的五蓋。

三二、擁有「讓惡魔自知身為惡魔」的力量

佛教擁有的力量，能戰勝煩惱。因此，我們依照佛教的原理，運用這個力量卻不使力，就能擊垮五蓋，而且是讓五蓋能心悅誠服、自主消失的方法。這就是所謂坐禪的力量。

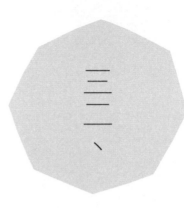

居於五蓋之首的貪欲蓋，就是在各種型態與強度之下所產生的「慾望」。

在坐禪之中，因沉溺於內心戲或故事（把自己當成主角所演出的悲劇、戀愛故事、出人頭地、成功故事等），而產生了貪欲蓋。或是，目前尚未產生的現象，內心卻期待其他事情的發生，所處的狀態。

即使察覺到心中產生痛苦或不悅的情緒，卻指望著這些情緒能自動消失。或是，暗自期待心中的愉悅感能長久持續下去，這是貪欲蓋常見的情形。

在坐禪的過程中，會經常產生出從表面看起來並不像是貪念的微小貪念。因此我們必須培養細膩的洞察力，才能發現貪念的真正樣貌。

佛陀將面對貪欲的方法，分為五個階段來說明。

①如果內心產生貪欲，要了解「貪欲在我的心中」。

②如果內心沒有貪欲，要了解「貪欲不存在於我的心中」。

③要了解尚未形成的貪欲，是如何形成的。

④要了解如何斷絕已經形成的貪欲。

⑤要了解已經斷絕的貪欲，在未來會如何形成。

在面對其他四蓋的時候，也可以依照以上五個階段的方法來執行。你可以將「敵意、惡意」、「怠惰、無力」、「興奮、煩躁」和「懷疑」帶入「貪欲」的欄位。

提到第一階段，對於在坐禪過程中出現五蓋的事實，沒有必要感到懼怕、憤怒、自責。在坐禪時所感受到的任何現象，只要將它當成坐禪所面臨的景象，全程保持平靜的心情旁觀即可。

不用勉強自己去對抗五蓋，但也不能沉溺於其中，我們必須尋求中道的方式，來面對五蓋。

英語的 embrace，有「擁抱」、「包容」的含意。為了讓原本擁有的澄淨之心散發光輝，首先要試著去包容五蓋，這是首要的重點。然而，在日常生活中，往往難以辦到。

不過，我們可以透過坐禪的方式，盤起雙腿、手結定印、閉上嘴巴，身體不要有任何躁動，採取融入於現場的姿勢，來體現 embrace 的方法。在釋放自我身心並端然正坐的過程中，就能自然而然地包容五蓋。

面對五蓋的第二個階段，就是要體驗性地了解，在某些瞬間並不存在五蓋這件事。

在坐禪的過程中，天空不會被五蓋的烏雲覆蓋。有時候，天空會開始放晴，出現美麗的藍天，就像是上天的恩寵。這就是佛陀所說的「散發光輝的光明心」。我們不能錯過如此美好的瞬間，並仔細地看透一切，就能培養對於坐禪的自信或信任。

三、四、五的階段，就是要我們理解五蓋發生與消失的原因。

引發貪欲蓋的原因有很多，像是身體的感覺系統受到外在因素刺激，進而產生快感時，如果沒有留意到產生快感的過程（也就是沒有知覺性），過去所養成的習慣性條件反射，就會開始作用，並突然開啟貪欲蓋的開關。

在白天坐禪的時候，當廚房飄來陣陣的美食香氣，腦袋就會完全被食物所占據，讓人無法專心坐禪。或是，無法忘掉前幾天遇見的漂亮異性，在坐禪時不斷幻想能與異性發生某些美好的情節等，相信很多人都有類似的經驗吧！

然而，在意志不夠堅定的時候，如果心思放在充滿貪欲的事情上，這樣的傾向會更為明顯，更容易產生貪欲的念頭。無論遇到任何事情，我們在不知不覺中，很容易就會產生貪欲的念頭。

產生貪欲蓋的原因，除了感覺性的對象，還有當貪欲的念頭達到滿足時，就會誤以為自己能獲得長久幸福的念頭。

因為深信只要擁有某些事物（財富、名譽、地位、權力、性快樂、宗教成就等），就能獲得幸福。長年來犧牲努力的結果，終於達到目標。然而，原本滿心期待能體驗如同高山之大的幸福，事實上卻違背了期待，實際上只能獲得如同砂粒般的幸福感。這類的例子可說是不勝枚舉。

不僅如此，我們還會經常遇到不幸的事情。這時候也才察覺到，原本深信滿足貪欲才能獲得幸福，根本是錯誤的想法。雖然是程度的差異，但每個人都會因此學到教訓，發現滿足貪欲是件錯誤的事情。

然而，在現實之中，我們每天都能接觸到勾起貪欲的大量資訊，還被灌輸擴大慾望是一件好事的「洗腦」教育。正因為如此，我們更需要深入理解，貪欲是如何產生的，這點十分重要。所以，坐禪具備能讓人理解貪欲的可能條件。

就以上的說明來看，坐禪就像是「煩惱研究室」，並且反覆進行實驗，讓人馬上理解「尚未發生的貪欲，究竟是如何形成」。

接下來要討論的問題，是要如何面對已經產生的貪欲蓋。

佛教經典都會透過神話的描述方式，將煩惱比喻為「天魔」。根據佛教傳說，在釋迦牟尼成道之前，天魔企圖用各種方式來阻止釋迦牟尼修行和證悟。有趣的是，當佛陀降魔成道，成為釋迦牟尼佛後，天魔依舊經常會出現在佛陀面前。

在佛陀面前，天魔試著用各種問題與誘惑設下陷阱，但屢次被佛陀擊退。在佛陀與天魔的故事裡，經常可見以下的文字描述。

「由於世尊已經看穿天魔的真面目，得知天魔為『惡魔、惡者』，這時候天魔終於發現到『原來世尊知道我的真面目，幸福之人得知我是惡魔』。天魔內心大受打擊，百感憂慮，當場消失無影無蹤。」

故事裡強調了「讓惡魔認清自己為惡魔」的力量。「天魔啊！我可以很清楚地看到（得知）你在那裡。」當佛陀如此說道，天魔也只能立刻離開。

如果能發現已經產生的貪欲蓋之存在，就像是對貪欲蓋說：「貪欲蓋啊！我可以很清楚地看到你在那裡。」就可以證明自己不會被貪欲蓋所吞噬。

如果能仔細觀察當下在自我心中所生成的事物，就能拆解自我與貪欲蓋的同一性（自我≠貪欲蓋），並看清貪欲蓋的本性，也就是所謂的無常與無我（世上只有因緣所建立的現象，其背後並不存在統治現象）。

此外，別忘了時常保持一顆冷靜的心，想想自己是要被貪欲蓋所吞噬，或是脫離貪欲蓋獲得自由，這也是非常重要的一環。

最後的階段，是探討該怎麼做，才能避免在未來會產生貪欲蓋。

只要透過第三階段，得知貪欲蓋的成因，就能採取睿智的防護措施。就像是為了身體健康與過著平靜的生活，在日常生活中做預防性的照護工作。對於內心，我們也要採取相同的預防性照護。

以佛陀所舉出的幾種對策來舉例，我們可以守護感覺和感官性的入口，也就是多加注意打算侵入內心的事物；或是適度控制飲食，並廣結善友。

三二、親身感受「其實不需要發怒」的道理

有些人開始坐禪的原因，是為了「忘卻日常生活的瑣事，所以選擇用坐禪的方式來加以逃避」。因此，坐禪反而變成逃避現實的手段之一。像這種脫離日常生活的做法，對自己其實並沒有任何的幫助。

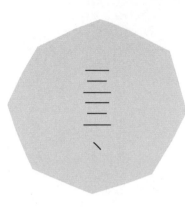

當五蓋出現的時候，該如何面對呢？先前介紹了佛陀所提倡的五個階段，但接下來將從不同的角度，同樣以五個階段來說明，也就是 B．E．L．L．A．的步驟。

B．E．L．L．A．就是英文字 Be、Examine、Lessen、Let go 和 Appreciate 的縮寫。

Be 的意思，就是當五蓋出現時，先採取 Let it be、「順其自然，放任它吧！」的態度。

這不代表要向五蓋屈服，或是被五蓋吞噬而沉溺於其中，而是避免與五蓋產生糾葛或爭執，選擇與五蓋共存。不要趁自身之便而企圖去改變五蓋，而是單純親近並接觸五蓋。

Examine 就是「斟酌、思索、調查」的意思。

也就是徹底地探求五蓋的各種面向、產生五蓋的條件、讓五蓋消失的條件，或是當五蓋不存在的時候，會變成什麼樣的狀態等。

提到五蓋的各種面向（或是成分），以貪欲蓋來舉例，身體可能會產生前傾的狀態，或是感到胸悶、情緒緊繃，這些都是貪欲蓋所產生的反應。或是在心中會產生莫名的壓力，同時湧現出讓人無法定下心來的情緒，就像是一股不穩定的激流。

用情緒性的反應來說，這時候也許會感到興奮或喜悅。在認知性的反應上，也許在腦中會出現對自我訴說的信念或故事，像是「只要獲得這些，我就能感到幸福！」「只要獲得這些，就能解決所有事情！」

至於有關於個人的動機性，可能會產生強烈的衝動去付諸執行，或是對某些事情有所執著。以上就是區別或分析五蓋的方式。

五蓋的「蓋」有「覆蓋、隱藏」之意，透過以上的分析方式，就能洞察各種蓋所真正覆蓋與隱藏的事物為何。

例如，貪欲蓋的背後隱藏著孤獨，瞋恚蓋隱藏著無法滿足的慾望，睡眠蓋隱藏著恐懼，掉悔蓋隱藏著希望他人的認同，懷疑蓋隱藏著對於某件事情無法承諾的猶豫心情。

因此，解開五蓋的根源，就是克服五蓋最有效的方法。

在日常生活中，我們往往會忽略這些能一窺深層真相的根芽，但根據道元禪師的見解，只要實行正確的坐禪方式，就能藉此自然而然地促進身為人類身心的正常發展。我想，在坐禪之中，蘊含著豐富的自我洞察之契機，這就是坐禪的作用。

Lessen 為「減少」的意思，也就是放鬆身心，減少與五蓋之間的糾葛程度。

如果發現自我的某處因五蓋的關係而感到緊繃，就要加以放鬆，或是把注意力放在具有沉靜心靈作用的事物上，這些都是極為有效的方式。

只要把注意力放在尋求五蓋的解毒劑上，例如懷抱慈悲之心能消除瞋恚蓋，就能減少身心對於五蓋的緊繃程度。

Let go 就是「順其自然，讓它走吧！」的意思。

仔細傾聽五蓋的主張，接納相關的訊息後，因為五蓋已經沒有存在的必要，就會自動消失。因此，我們不用刻意去做讓五蓋消失的事情，只要沒有妨礙，五蓋就會自行消失。

Appreciate 是「感激與欣賞」之意。要體驗五蓋消失後所帶來的美好、喜悅、舒適等感覺，並牢牢地把這個感覺放在心中。

當自身從五蓋的束縛獲得釋放後，如果能深切地感受到快感或內心的活力，遠甚於貪欲蓋或瞋恚蓋所帶來的暫時性快感或不健全的活力感，我們的內心就會從被五蓋束縛的狀態，轉變為崇尚自由，自然而然地選擇解放且開闊的道路。

此B．E．L．L．A．的五個步驟，是源自於上部座佛教的冥想，相信對於坐禪也有很大的助益。因此，接下來要將B．E．L．L．A．的概念，套入瞋恚蓋來思考。

瞋恚就是「憤怒」，貪欲蓋與瞋恚蓋的共通點，就是都具有特定的對象，能吸引我們投入過多的注意力。

那是我們的慾望、敵意和惡意所面對的對象，由於內心被這類的對象完全占據，就會失去自由，無法把自身的注意力放在原先的方向上。當貪欲或憤怒的對象占據內心後，就會形成頑固的性格，沒有心思去思考其他的事情。

以瞋恚蓋來舉例，這時候就是要轉移注意力，並採取積極的態度，從你所面對有敵意的人物或對象上，將注意力移到瞋恚本身，這點十分重要。

更重要的是，不用擔心自己能否辦到，而是要不要付諸實行。如果沒有積極的行動力，便難以啟動解決瞋恚蓋的機制。

平常，我們都會將注意力放在瞋恚的對象上，還費盡心思煩惱該如何處置，滿腦子都是這類的想法。這就是被瞋恚所占據的狀態。

啟動解決瞋恚蓋的機制後，我們不會把注意力放在憤怒所面對的對象上，而是藉由「迴光返照」的方式，跳脫原本陷入的瞋恚狀態，再次出發。這就是佛教所提倡的內省之道。

先撇除善惡的判斷（例如，覺得自己常常會對別人發怒，是卑劣之人），並避免產生直覺性反應（例如，對於常對別人發怒的自己，感到惱怒），將注意力放在瞋恚，這就是B．E．L．L．A．機制中的B（Be）。

因此，先暫時停止思考有關於自己憤怒的各種事情，只要以身體感覺的層面，來感受憤怒的現象。

接著，把注意力延伸至全身，以開放且悠然自得的態度，盡量採取放鬆的方式，憑藉身體感覺來承擔一切。

瞋恚蓋與貪欲蓋，都被稱為「靈魂的咖啡因」。

就像是某些人沒有攝取咖啡因，便無法湧現活力一般（咖啡因依存症），為了取得自我生存的能量來源、動機，或是攸關人生的熱情來源等，這些人只能依靠貪欲或憤怒。對這些人而言，缺少貪念或憤怒的人生，顯得過於平凡、無趣、孤獨，甚至有時候會莫名感到不安。

然而，貪欲或憤怒會對於人生造成多大的危害，破壞多少的人際關係，或是讓自己的心情感到多大的挫折呢？當佛教以冷靜的方式來測量後，就會看清以憤怒為糧食的人生，是否具有價值？同時告訴世人，瞋恚蓋是負面的教材，得尋求其他的生存方式才行。

懷有瞋恚並不是個人的過錯，舉凡人出生於世，就會伴隨著瞋恚，對於人生來說是理所當然的一部分。

重點是不要被瞋恚所支配及擺佈，只要受到瞋恚的擺佈，就會形成瞋恚蓋。即使發生瞋恚的狀態，只要沒有形成瞋恚蓋，都能透過坐禪修行，開啟學習自由之道的姿態。

三四、即使迷迷糊糊地很想睡，依舊能保持平常心

當內心產生「沉積」現象時，就宛如池塘裡的藻類過度成長，占據整座池塘的狀態。在我們的心中，同樣產生停滯或沉積狀態的時候，便無法看清事物的本質。

五蓋之三為睡眠蓋，如同字面上的意義，就是「心靈沉積，感到迷糊想睡」之意。

我的師祖內山興正大師常說：「當人持續在思考某些事情的時候，代表正在做思考這件事，並不是在坐禪；如果正在打瞌睡，就是在做打瞌睡這件事，同樣也不是在坐禪。這就跟騎腳踏車是一樣的道理，一邊騎腳踏車一邊打瞌睡，就會陷入恍神狀態，危害生命安全；一邊思考事情一邊騎車，會讓生命失去機能，同樣也是危險的行為。因此，不要打瞌睡，也不要一直思考事情，要讓頭腦保持清醒的狀態。所以在路上，要專心地駕駛與騎車。」如果將坐禪比喻成騎腳踏車，睡眠蓋就像是「騎車邊打瞌睡」的狀態。

睡眠蓋會妨礙人想要持續坐禪的動力，並干擾努力精進的意志。在坐禪的時候，如果促使一個人採取行動（或是不想採取行動）的壓力與衝動降低了，就會開始產生睡眠蓋，並讓我們脫離生機勃勃的坐禪機制，逐漸陷入迷迷糊糊，感到想睡的狀態。

實際上，睡眠蓋會以各種型態，出現在我們的面前。

睡眠蓋又稱為「昏沉睡眠蓋」，「昏沉」就是身體失去活力的狀態。這時候會感到身體沉重，無法打起精神，感到疲倦，維持坐禪的力量也因此減弱。

至於「睡眠」，就是心靈的能量降低水平，或是欠缺能量的狀態。當內心的機能開始退化遲鈍，意識就像是烏雲般模糊，失去動力，腦袋的思考會逐漸渙散。

人一旦陷入睡眠蓋的狀態後，就像是深陷泥沼之中，連步伐都會感到沉重。有時候，我們甚至沒有察覺到自己已經陷入這類的狀態，這代表已經完全被睡眠蓋所吞噬。

此外，我們還要區分睡眠蓋與睡意，或是疲勞等自然生理反應的差異。平常的生活忙到讓人頭暈目眩，甚至是被緊湊的行程逼到喘不過氣。當忙碌的人開始坐禪的時候，通常都會感覺到一股睡意或無趣感。這些人只能透過與他人的對話，或是藉由網路交流等方式，將外在的刺激或緊張的能量當成主要燃料，讓自我保持清醒。

因此，在坐禪的時候，當現場一片寂靜，並將外在紛擾化為最小限度時，只要坐下來過沒多久，睡意或無趣感就會像是「戒斷症候群」般接踵而至。

可是，這裡提到的睡眠蓋，是更惡質的類型。它會讓人受挫，失去動力，造成挫折感、無趣感、漠不關心、絕望、莫可奈何的無力感、懶散、意志消沉、抗拒感等，這些都是與內心深處有關的情緒，同時干擾到我們在實行坐禪時所採取的態度。因此，坐禪的本人不見得完全沒有坐禪的動力，只是在很多時候，無法自主地啟動內心的動力。

最有利的證據，就是當條件一改變的時候，隱藏在某處的動力就會再次現身。舉例來說，媽媽帶著小孩購物，但小孩對逛街絲毫不感興趣，不停地抱怨：「我好累喔……已經走不動了。」但只要媽媽對他說：「我買霜淇淋給你吃吧！」小孩馬上會感到精神百倍。

實際上能發揮、啟動動力的標準，取決於本人在當下所置身的狀況中，以及會採取什麼樣的態度來加以應對。

我們對於正在實行的坐禪，有多少程度的理解？或是該用什麼樣的態度來面對呢？這個理解和態度有個微妙的形式，它們會帶來無力或倦怠感。

對自我述說的內心話（例如，「我在辛辛苦苦坐禪的期間，那個傢伙居然在玩樂享受，真令人羨慕……」）會消耗坐禪所需的活力，最後氣力全失。

因為對於坐禪抱持著無趣的刻板印象，也會產生睡眠蓋。這樣的思考很容易發展為挫折感、自我憐憫、徒勞感（覺得自己所做的事情都沒有任何意義，十分無趣），讓自身的活力逐漸枯竭。

然而，從客觀性的角度來分析，世上並不存在無趣的事情。感到無趣的原因，都是出於自我內心所產生的主觀性判斷。像這類的思考過程，如果沒有積極地介入、告知，並留意到其存在，然後選擇放下，就無法停止活力的流失。

都已經在坐禪，卻因為沒有發生當初所盼望或期待的事情，便開始感覺好像少了什麼；明明自己這麼努力了，卻一直認為自己一無是處。因為有這些想法，便釀成了睡眠蓋。

反之，如果認為「什麼事都不用做，只要一直坐著就好。坐禪真是輕鬆，相信自己可以做得很好！」當心中有自我滿足的想法時，同樣會產生懈怠與睡眠蓋。因為認為「我的坐禪方式完全沒有任何問題，萬事順利！」而輕忽坐禪的原則，在疏忽大意的狀態下盤腿坐著，也會開始想要打瞌睡。

在坐禪的過程中，有時候會突然想到尚未解決的重要問題，或是有讓人感到不悅的事情等，並在內心深處湧現出如同泡沫般的情緒。為了避免面對這些突然湧現的情緒，這時候就會採取逃避的手段，陷入昏昏欲睡的狀態。

要你面對這些問題或情感，也許時候尚早，此刻你需要的是細膩的注意力。即使反覆產生昏沉或睡意的狀況，最重要的是不能輕易屈服，並保持堅毅不拔的忍耐力，努力維持日常的坐禪。

因為關於你自身的某些要素，正在斟酌最佳時機。當你能正視人生路上的重大問題和相關情感時，只要相信內心的自然作用即可，並等待時機的到來，然後真誠地持續坐禪就好。

慢性的興奮或緊張情緒，也會讓人感到疲憊。像這種過度的活躍性活動，掩蓋了身體的疲勞，讓人以為疲態不會顯露。大多數人並沒有察覺到內心深處的疲憊程度，過勞死就是典型的例子。

在坐禪的時候，原本隱藏並累積在深處的疲勞，會開始顯露出來，這時候你會初次察覺到疲勞的存在。尤其是在接心（在一定期間內不斷坐禪的集訓）的前幾天，會特別感受到強烈的睡眠蓋，這種現象就是身體從慢性疲態開始恢復的徵兆。

以上列舉了睡眠蓋的各種現身型態，相信各位有更為深入的認識。睡眠蓋不單只是坐禪過程中的睡意問題，還會衍生出更為嚴重的問題，影響程度之深、之廣令人難以想像。

當自己正面臨挑戰（考驗自我能力），處於人生的困境時，睡眠蓋會讓人感到退縮，最後選擇逃避現實。換言之，無論現實為何，我認為睡眠蓋都會藉由各種方式讓人逃避，無法面對現實。

所以，當坐禪過程中發生睡眠蓋的時候，要採取跟面對其他蓋相同的方法。首要的課題是清楚地察覺到睡眠蓋的存在，並且不要去抵抗或相爭。

尤其是出現睡意的時候，不能把睡意當成理由而停止坐禪，這點十分重要。難得產生了睡意，就要當成自我學習的機會，將睡眠蓋當作修行的糧食，持續精進自我。

人們活力的標準，會隨著生理狀況而產生高低變化的現象。坐禪本身會伴隨著睡意；因為遲早都會出現睡意，所以不能趁睡意的出現，阻礙了坐禪的動力。

無論活力的高標、低標，應當進行坐禪的時候，就要傾注全力坐禪，這是基本原則。

不要對睡意感到厭惡，但也不能趨附於睡意，而是努力去做到如何讓坐禪與睡意共存。也就是說，不要讓坐禪被睡眠蓋吞噬（如果被吞噬了，就會產生蓋），而是在坐禪的過程中，讓這種昏沉睡眠保持在昏沉睡眠的狀態即可。

三五、「不要妄自追逐、驅趕」搖擺不定的心

心浮氣躁，就像是風吹動池裡的水，產生漣漪。當心中產生了擾動的漣漪，一路上就會走得跌跌撞撞，這就是「心猿意馬」的狀態。心猿意馬是指猴子亂跳、野馬狂奔的意境，形容人的心意變化不定。

睡眠蓋是動力（活力）水平極低，且心情沉重的狀態；掉悔蓋則是相反的情況，是人處於過度興奮的狀態，無法控制動力，心念躁動，搖擺不定。

當內心受到掉悔蓋所影響時，就會感到心神不定，會立刻將注意力轉移到其他的事情上，無法感到平靜或是抱持沉著的心情。

掉悔蓋是掉舉與惡作的合稱。「掉舉」是處於過度興奮的狀態，內心浮躁不定；「惡作」指的是後悔以前所做過的事情。以傳統的定義來看，惡作是「對於以往所做過或沒做過的事情，因嫌惡所產生的後悔心態」，但以廣義的含意來看，不僅限於對於過去所作所為的後悔，也可解釋為「心思憂慮煩亂」。相信對實行坐禪的人來說，更容易理解以上的解釋。

因此，對於自身所構想的未來感到種種不安，或是對於會影響自我形象（自己應當成為何種類型的形象）的人事物，感到焦慮不安等，都是屬於惡作的範圍。

事實上，掉悔蓋有各種現形的方法。例如，以生理層面來說，會有躁動不安的感覺，動力會伴隨著不快感在體內流動；或是持續感到坐立不安，心情無法感到平靜，內心湧現出一股無法抵抗的衝動。就像是攝取過量的咖啡因，身體產生發抖現象，或是受到某種刺激後，感到心神不定，來回徘徊等，以上都是產生掉悔蓋的例子。

至於心理層面，則是會去思考無關緊要的小事，或是自己明明沒有想要這麼做，卻糾結於某些事情的環節等。或者是容易分心，無法集中注意力思考單一的事情。也就是說，內心無法感覺平靜，就像是到處跑來跑去，跳來跳去的浮躁狀態。

各位在實地進行坐禪的時候，應該也有感受過上述的例子，也就是生理上或心理上受到掉悔蓋的影響。

我所提到的只是少數的例子，掉悔蓋還有其他現形的方式。像這樣列舉出坐禪時所親身體驗的掉悔蓋實例，就是為了讓人們熟悉或理解掉悔蓋的性質，這是極為重要的環節。

我之前屢次提到，只要讓五蓋「理解自身就是五蓋」，五蓋就會失去支配力，並自然消失。

然而，在此提到的「理解」，並不光是憑藉頭腦思考的知識，比較像是「讓身體自然而然地點頭同意」，是更有真實感的身體層級。因此，可以用R．A．I．N．的英文字母所表示的四大組合，來細分「理解」的含意。

R．A．I．N．是由內觀修行法（南傳佛教的冥想法）的指導者Michele McDonald所提倡的觀念，R為Recognize，察覺到當下所發生的事情。A為Allow，如實地容許當下感受的存在。I為Investigate，抱持好奇心與關懷探求事物。N為Non-Identify，不會同等看待個人經驗與自我。

在坐禪的期間，如果目睹到類似掉悔蓋的現象正要開始產生（換言之，坐禪被腦中思考的事情所牽引，某處坐相正產生微妙的停滯），就要察覺到當下所發生的事情（R）。這時候不要立刻有所反應，而是退後一步，冷靜地觀察現象。

盡量讓自己不要完全陷入思考的故事裡。舉例來說，「現在，在我的心中浮現出『他為什麼會對我說這樣的話？』的想法」。

當腦中浮現出這類的想法時，即使是不愉快的事情，也不要勉強自己去解決或改變事實，而是選擇順其自然（A）。

這時候要仔細地觀察，自己的身體會有哪些感覺？感情的狀態如何？產生哪些思考等。

除了R、A、I三大要素，還有N的作用。換言之，N可以切開、分離出心事與自我。相信我們能察覺到，自己所顧慮的心事，並不是自我的全部，只是自我存在的一部分。

此外，掉悔蓋（浮動不安的心靈、心事）的現象，並不屬於自我支配的範圍，而是在無量無邊的緣起變遷下，自行出現，隨後消失，是無常與無我的現象。

這就是「非思量」的境界，所謂「思量箇不思量底」，就是對於出現在內心的思考，不會加上「我」（I）、「我的」（my）、「我的東西」（mine）等多餘的標籤，而是無論置身在何處，都要將之視為自然現象，順其自然發展。

英文有句話的語法是：take ~ personally，是「把某件事當成個人之事加以承受」、「承受某人的言行舉止與嘲諷」的意思。如果能將這句英文表現用於坐禪，採取 take nothing personally 的態度，人生之路便大為不同。也就是說，無論何事，都不能當成是個人的事情或私事來概括承受。無論是何種經驗，都要採宏觀的角度，將之視為宇宙現象的一種。

如果將掉舉惡作加上個人化標籤，並加以對象化且實體化，身心便開始產生緊張、壓力、痛苦等反應，最後釀成掉悔蓋。

對於坐禪過程中所產生的雜念，自古以來很多禪師都提倡「不要妄自追逐與驅趕」，如果理睬這些雜念，並企圖採取某些行動，自己反而會受到約束，開始感到挫折。

透過R．A．I．N．的機制，將掉舉惡作視為暫時性的自然現象。對於掉舉惡作，若沒有做出「追逐」或「驅趕」等無謂行為，或是投注過多的動力，只要遵照掉舉惡作自身的無常性，忍耐地守候並等待（持續坐禪的意思），相信總會有恢復平靜的時候。這就是「不要妄自追逐與驅趕」的含意。

只要做到這點，掉舉惡作依舊為掉舉惡作，不會發展為蓋。無論置身於何處，坐禪就像是廣闊且安穩的個人空間，得以保持悠然自得生活。

如果要更詳細地描述R．A．I．N．的本質，其實就是坐禪的調心（鍛鍊個人心志）行為。然而，調心雖為鍛鍊心志相關的行為，卻無法單獨進行，必須努力透過正身端坐的調身（身體接觸地面，軸心沿著重力方向挺直，達到接地性與垂直性的調和），以及鼻息微通的調息方式（空氣從鼻子進入，產生微妙的感覺，利用全身呼吸），才能做到完美的調心。

三六、

在某個瞬間，人會開始懷疑佛陀的教誨

含混不清、半信半疑、優柔寡斷、猶豫不決等「疑心」，就像是混濁的泥水。泥水混濁的程度，無法見底，一切都顯得模糊不清。當腦中僅存著妄想的時候，原本的推測就有可能成為事實。

當身心狀態產生五蓋的現象時，這並不是不幸的事情，也不是坐禪失敗的證據。倒不如說，坐禪已經進入絕佳的狀態，這是一種好徵兆。

更進一步地說，我們不要懼怕五蓋，或是感到羞恥或逃避五蓋，只要能從五蓋之中加以脫身，就能創造絕佳的契機，讓坐禪進入更深奧的境界。

在五蓋之中，最後一項的懷疑蓋，十分吻合以上的情況。只要被懷疑蓋吞噬，結果就是導致坐禪中斷。就某種含意而言，也許懷疑蓋是五蓋之中，具有最重要意義的蓋。

「懷疑蓋」的「疑」這個字，指的是在探求佛道、經進修行的過程中，以客觀的角度抱持「疑情」的含意。疑情的意思，就是不能因為聽到他人的話語後，就盲目地相信，或是照單全收，而是要透過自身體驗、留心、反覆斟酌，就能激發出正向的力量。在禪的領域中，稱為「大疑」或「大疑團」，是修行所必備的要素。

然而，在此提到的懷疑蓋，有別於疑情，是含混不清、半信半疑、優柔寡斷、猶豫不決的精神狀態。它就像是人站在交叉路口時，開始感到猶豫不決，不知道要走那一條路的狀態。無論何時，總是處於徘徊於抉擇之間的狀態，內心心猿意馬，無法堅定地前進。大疑團是促使人前進的力量，但是懷疑蓋則是具有完全相反的作用。

這類的懷疑蓋，會以各種形式現身。像是，距今兩千五百年多年前，從遠方的印度所興起的佛教，對於現在的自我有任何意義與幫助嗎？或是，佛陀真的有說過這些話語嗎？當懷疑蓋現身的時候，人就會開始懷疑佛教教義的適切性與合理性。

如果這類的懷疑，能轉為深奧的疑問，能驅使人產生更進一步的探求之心，就是有益的懷疑。但是，如果是招致優柔寡斷、混亂、關閉主動學習之門等結果，那就是懷疑蓋。

在佛教的諸多中心思想中，由於有許多理論違背一般的人情或見解、常識，很多人往往沒有去試著深入了解佛教思想，只依照個人的基準來提出反駁。

有關於坐禪的精髓，就是採取「無所得、無所悟」（沒有獲得，也沒有領悟）不追求任何事物的態度，同時也僅保持正身端坐的姿態。不過，我們往往無法立刻領略如此高深的教誨，並經常因此種下懷疑的種子。

這時候內心就會感到懷疑：「一直靜靜地坐著，到底有何意義呢？」並停止坐禪，開始從事其他的事情，或是將注意力轉移到其他的修行法。

更為嚴重的情況是，開始對於自我感到疑慮。例如「自己有正確地進行坐禪嗎？」（感覺做得不是很好？）、「坐禪真的很難……」（我不適合坐禪……）、「也許現在不是坐禪的時候……」（不一定要現在，只要未來有時間再做就好！）等，在坐禪的時候，耳朵往往會聽到類似的聲音。

像這些對於自我的疑慮，不僅限於坐禪修行，也是攸關整個人生的一大懷疑蓋。

當腦中產生種種疑問時，如果沒有採取實際行動，並憑藉自身經驗來解開疑慮，僅在腦中不斷推測或妄想，事情也許會變這樣……或變成那樣……實際上，就等同於沒有付諸任何行動。在不知不覺中，原本腦中的推測，對自我而言會變成事實。「啊！事實果然如同我想像。」這就是自我實現預言成真的例子。

懷疑蓋最麻煩的地方，就是會將腦中懷疑的想法，裝成是「煞有其事」的事實。

對於教誨的懷疑、對於修行的懷疑、對於自我的懷疑，或是對於尊師或前輩的懷疑等，每種懷疑都看似合情合理，聽起來極具說服力。因此，我們無法輕易地識破心中的疑慮，就是懷疑蓋。此外，這些疑慮會永無止境地，持續在耳邊私語，讓人感到煩躁與焦慮。

因此，面對懷疑蓋的第一步，就是當懷疑蓋產生的時候，要識破其巧妙的偽裝面具，讓懷疑蓋露出真面目，清楚地辨識懷疑蓋的本質。

在日常生活中，就要多加觀察並熟悉自我的思考形式。我們一定要事先了解到，在內心的某處，是否存在著懷疑蓋樣貌的音響和錄音帶，它正開啟開關並打著節拍，試圖控制自我。

可以將懷疑蓋的錄音帶加以分類，例如貼有「自己辦不到」的一號標籤錄音帶、「自己還沒有做到」的二號標籤錄音帶，以及貼有「這有何意義？」的三號標籤錄音帶等。

如果能參照以上的方式分類，以後就能立刻察覺到「〇號的懷疑蓋專用錄音帶，又被打開開關了」，並且開始告訴自己「又是那卷帶子，過一陣子就會自己關機了吧！」就不會被懷疑蓋所侷限住。

這個方法，是能應用於五蓋的共通方式，但如果選擇忽視或壓抑懷疑蓋，並不是睿智的方法。我之前曾多次強調，最重要的是抱持著正向面對的態度。

希望各位能仔細思索，在自己的心中，對於坐禪有哪些懷疑之處？是懷疑坐禪的背景教義、懷疑坐禪時的自我力量、懷疑坐禪的功德，或者是內心的疑慮對於自我投下什麼樣的陰影？造成哪些阻礙等。

此外，以自身為例，還要仔細推敲出，我們是在什麼樣的狀況、條件、思考方式下，會引發懷疑蓋，必須找出其中的原因。例如坐禪沒有想像中來得順利、不知道如何實行坐禪、完全無法理解有關於坐禪的要領等，我們要仔細地檢驗，這些事項是否會引發懷疑蓋。

只要遵照以上的方法，懷疑就不會發展成懷疑蓋，反而能成為加深理解或修行的原動力。

此外，不要一個人孤獨地進行這個功課，不妨與坐禪會的同伴們一同進行。透過與同伴的互動交流，通常都能獲得擺脫懷疑蓋糾纏的契機。如果將一切事情封閉在腦中，並且經常處於猶豫不決、感到煩惱的狀態，對懷疑蓋而言，可說是入侵的絕佳機會。

三七、只要找到不會讓內心冒汗的坐禪方式即可

發生問題的時候，首先要清楚地察覺並接受問題的存在，徹底了解問題的成因，就能從問題之中找出通往自由的道路。這是佛教所提倡的解決問題法。

在坐禪的過程裡，當五蓋以各種偽裝之姿現身，絕非是一件壞事，也不代表會招致失敗。倒不如說，五蓋能帶來寶貴的學習機會，只要抱著肯定的心態去面對就行了。

換言之，實行坐禪的當事人在尚未學到所有的要領之前，五蓋會反覆現身，並持續激勵坐禪者「要好好地學習這門學問喔！」它可說是極為親切的老師（善知識、良師）。

當五蓋現身的時候，無須感到自責，或是選擇忽視或壓抑五蓋，不妨將五蓋視為求道過程中的精神糧食，以更睿智的方式來接觸五蓋。所謂的接觸，並不是將五蓋拉進來又推回去，而是與五蓋共處，透過交流的方式，深入看清與了解五蓋的本質。

然而，要去接觸內心的煩惱，說起來容易，要貫徹實行卻是相當困難的事情。這是非常敏感且細膩的作業，如果處理不好，就會在不知不覺中，觸發長年來所養成的習慣模式。別說是接觸五蓋了，有時反而會讓人捲入煩惱的激流中，並開始對抗煩惱。

在這個時候，坐禪已不再是「安樂的法門」，而是struggle，也就是掙扎、抵抗等苦戰惡鬥、勞苦的狀態。身心會顯現出喘不過氣、掙扎、心裡冒出大量無形之汗的情況。這時候坐禪已經變成替代品，無法稱為坐禪。

這時候一定要注意的地方是，如果只是想暫時將煩惱視為心中那個不想見到的抵抗與掙扎（struggle），並想消除它，最後仍會出現另一個相同的抵抗與掙扎（struggle）。

以「擺脫煩惱的自我」為理想的目標，受到總有一天能達成目標的「期待」所誘導，並開啟控制模式來實行坐禪。只要心中一抱有期待，無論你願不願意，就會產生上述這樣的結構，並開始促使無謂努力的機制。

換言之，煩惱本身並不是造成人們抵抗、掙扎的原因。而是，當煩惱以五蓋的形式現身時，因為思考如何應對煩惱，便與煩惱產生關係，我想這才是造成抵抗與掙扎發生的原因。

因此，我在先前介紹的Ｒ·Ａ·Ｉ·Ｎ·，就是為了防止產生抵抗與掙扎，所採取的關聯性措施。接下來，將再次確認這個處方箋。

Ｒ·Ａ·Ｉ·Ｎ·為Recognize，察覺到當下所發生的事情；Allow，如實地容許當下感受的存在；Investigate，抱持好奇心與關懷探求事物；Non-Identify，不會同等看待個人經驗與自我。要特別留意的是，無論是哪個動詞，都不是用來消除或改變五蓋，也不是會釀成struggle的指示。

唯一的共通點就是，任由五蓋保持五蓋的狀態，並試著親近與接觸五蓋。只要以放鬆的心情，仔細地觀察五蓋，並包容五蓋的存在，坐禪時就不會陷入抵抗與掙扎的struggle狀態。

在本書的最後，要討論的是Ｒ·Ａ·Ｉ·Ｎ·的相反觀念為何？當我們想要理解某些事情時，不妨先去思考相反的事情，這麼做應該會有很大的幫助。

「察覺到當下所發生的事情」也就是和 Recognize 的相反觀念，就是無法看清身心在當下所產生的狀態。因為將注意力從「現在站在這裡的自己」轉移到其他地方，並去描繪非現在的未來，以不是處於此地的彼方為自我願景。因此，可以用英文 Delude 來比喻，也就是遭到「蠱惑、欺騙、誆騙、誤解」的狀態。

「如實地容許當下感受的存在」，和 Allow 的相反觀念是什麼呢？就是我們對於當下所發生的事實，無法堅定地說出 yes。無論何時都會語帶抱怨或要求，吐露心中的不平與不滿。這就是否認事實或抗拒的行為，英文可以用 Resist「抵抗」來形容。

第三個觀念「抱持好奇心與關懷探求事物」Investigate，是比 recognize 更深的層級，顯露出想要了解更多詳情的好奇心與興趣。因此，其相反觀念是不感興趣或感到無趣，並失去對事物關心的狀態。完全忘記自己現在要做什麼，屬於無精打采及漠不關心的類型。這時候可以用英文的形容詞 Oblivious「毫不在意的、毫無知覺的」來比喻，而不是動詞。

最後為「不會將個人所體驗的感情、思考、故事等，與自我混淆在一起」Non-Identify。就像是禪語形容的「長空不礙白雲飛」之象徵性表現，浩瀚的天空不會把現身又消失的白雲，視為是與自己同等的存在。天空不會妨礙白雲的現身與消失，以及移動，而是以天空的姿態，悠然地包容白雲的存在。如果將白雲與自我同等看待，便無法達到這樣的境界。

佛教認為，人類的本心就像浩瀚天空般，擁有開闊的視野，將開闊的心胸稱為「大心」或「真心」等，有各式各樣的名稱。因此，只要確實實行R、A、I三種方式，就能自然而然地產生N的結果，不用刻意去做些什麼。

「小心」與「妄心」的特徵為自我控制，但在這個時候，自我控制沒有伺機進入的餘地。因此，與其相反的狀態是以自我為中心定義的所有事物，並試圖控制周遭事物的行為，可以用英文的 Personification「人格化」來形容。

因此，R．A．I．N．的相反組合詞為D．R．O．P．，也就是相對於雨（Rain）的掉落、墜落（Drop）狀態。

D．R．O．P．的共通之處，在於不敢面對當下所產生的經驗，同時採取自我防衛的機制。如果放任不管，就會本能性地透過D．R．O．P．的反應組合行為，並且容易遭遇個人經驗，尤其是討厭的經驗。如果保持這樣的傾向進行坐禪，就會陷入struggle的狀態。

因此，我們如果能以正確的方向學習坐禪，就能將D．R．O．P．的反應組合轉化為R．A．I．N．的對應組合，並透過學習來轉換遭遇到的不良個人經驗。藉由如此極端的組合轉換，在坐禪的時候，就能處於「心裡不會冒汗」的安樂法門。

當然不是只有坐禪能應用這樣的方式轉換，我們也能將此道理擴散至整個人生。在人生這個已正式上演的舞台上，我們可以透過坐禪，學習如何發揮R．A．I．N．的真正作用。

由衷希望各位能透過坐禪所鍛鍊的力量，能更有意義且充實地，度過各自的人生。

結語

記得某一天，日本大和書房的編輯跟我說：「任何人都會遇上有關於人際關係的煩惱，佛教是如何加以面對與解決問題呢？希望一照禪師能以禪宗的觀點，分享專業的知識，並將這些理論撰寫成書。此外，除了正在學習佛教知識的少數族群，希望能透過本書的出版，讓原本對於佛教毫無興趣的人士，對於佛教有所改觀，並提供實用性的參考。」因為受到編輯熱情的請託，我開始從事本書的執筆工作。

如何撰寫出一本能讓「對於佛教毫無興趣」之人，也能興趣盎然地仔細閱讀的書呢？這個挑戰讓我產生極大的興趣與動力。「那麼，就來試試看吧！」我被編輯的熱情所打動，毅然決然地接下本書的執筆工作。

因為以上的緣由，我彙整出在神奈川縣葉山的別莊進行研究與指導禪道時期，許多信徒詢問過的問題，並將所有問題與解答撰寫成書，構成本書的基本內容。除了眾人的問題，我還節錄了本人在電子報或雜誌所撰寫的專欄，經過潤飾與增修，最後終於促成本書的問世。

我看過編輯帶來的原稿後，書籍內容大致吻合我所說過或寫過的話，但有些單元的內容，還是有些許出入，因此須要大幅修改。有別於新作品或是對談類型的書籍，編輯本書的過程，的確比想像中難上許多。

然而，我最終還是將本書的主題放在「人生路上的種種問題」上，也就是度過個人的人生歷程中，該如何解決人生所遇到的各種煩惱與問題，並以此為跳板，探討「人生本身的問題」。換句話說，就是探討我們是為了什麼，生存於這個世上。我非常有信心，這本書的出版，能促使各位深入探求更為根本性的問題。

如同我在本書多次論述的重點，佛教將我們一般人類（凡夫）的生活型態，比喻為「迷失自我本相的狀態」。

自我的存在，是受到上天所賜與，而不是由人類自行創造。佛教稱之為「賦予生命與生存於世」。人之所以來到世上，基本起源是「賦予生命」，才能「生存於世」。

賦予生命，是與所有的存在產生關聯並相互影響；生存於世，則是個別獨立的存在。然而，大多數人往往忘記生命是獲得賦予而來，甚至迷失自我求生存的根基。因為人們眼裡只有看到「生存於世」這件事，想要以自我為中心度過更美好的人生，這就是煩惱的根源。

我們不能背對煩惱，選擇逃避。自我所抱持的各種問題，其實都是從迷失自我本相所衍生而成。因此，我們要仔細地推敲煩惱的真實姿態。如此一來，就會發現我們經常會勉強自己，去控制那些自我所無法掌控的事情，或是本來就沒有必要去掌控的事情。那個地方，就是會產生和煩惱相關的結構的覺察。

我們不能從煩惱中逃避，要勇於面對與理解煩惱，才能克服煩惱。同時，要冷靜並仔細地重新檢視，獲得賦予的生命與生存於世的自我姿態。如此一來，就能自然而然地了解到，對於很多事情，其實根本不用過度操心，就會有理想的結果。

當我們在不知不覺中，能將以「活著為前提」，也就是以「生存於世」為目標的態度，以及沒有仔細思索的成見或誤解，轉變為徹底思索與統整過的人生觀，那麼內心的疑問就會逐漸獲得解答，一切都將重新開始。

各位對於我所傳遞的訊息，又能有多少程度的理解與體會呢！

你的煩惱不是你的煩惱

克服日常憂慮，擺脫低潮情緒，Google、Facebook都在實踐的正念現代禪

作者	藤田一照	Fujita Issho
翻譯	楊家昌	
責任編輯	蔡穎如	Ruru Tsai, Senior Editor
封面設計	兒日設計	Childay
內頁編排	林詩婷	Amanda Lin
行銷企劃	辛政遠	Ken Hsin, Marketing Executive
	楊惠潔	Gaga Yang, Marketing Executive
總編輯	姚蜀芸	Amy Yau, Managing Editor
副社長	黃錫鉉	Caesar Huang, Deputy President
總經理	吳濱伶	Stevie Wu, Managing Director
首席執行長	何飛鵬	Fei-Peng Ho, CEO

出　　版　創意市集
發　　行　英屬蓋曼群島商家庭傳媒股份有限公司城邦分公司
Distributed by Home Media Group Limited Cite Branch
地　　址　104 臺北市民生東路二段 141 號 7 樓
7F No. 141 Sec. 2 Minsheng E. Rd. Taipei 104 Taiwan

讀者服務專線　0800-020-299 周一至周五 09:30 ～ 12:00、13:30 ～ 18:00
讀者服務傳真　(02)2517-0999、(02)2517-9666
E-mail　創意市集 ifbook@hmg.com.tw
城邦書店　城邦讀書花園 www.cite.com.tw
地址　104 臺北市民生東路二段 141 號 7 樓
電話　(02) 2500-1919　營業時間：09:00 ～ 18:30

ISBN　978-957-9199-75-9
版次　2020 年 1 月初版 1 刷
定價　新台幣 340 元／港幣 113 元

製版印刷　凱林彩印股份有限公司

國家圖書館預行編目 (CIP) 資料

你的煩惱不是你的煩惱：克服日常憂慮，擺脫低潮情緒，Google、Facebook 都在實踐的正念現代禪 / 藤田一照著. -- 初版. -- 臺北市：創意市集出版：家庭傳媒城邦分公司發行，2020.1
面；　公分 -- (Redefine 哲史思；14)
譯自：禅僧が教える考えすぎない生き方

ISBN 978-986-9199-75-9 (平裝)

1. 禪宗　2. 佛教修持　3. 人生哲學

226.65　　108017707

香港發行所　城邦（香港）出版集團有限公司
香港灣仔駱克道 193 號東超商業中心 1 樓
電話：(852) 2508-6231
傳真：(852) 2578-9337
信箱：hkcite@biznetvigator.com

馬新發行所　城邦（馬新）出版集團
41, Jalan Radin Anum,Bandar Baru Seri Petaling,
57000 Kuala Lumpur,Malaysia.
電話：(603)9057-8822
傳真：(603) 9057-6622
信箱：cite@cite.com.my